LUIZ FERNANDO CINTRA

COMO ORAR?

4ª edição

São Paulo
2023

Copyright © 1996 Quadrante Editora

Capa
Provazi Design

Dados Internacionais de Catalogação na Publicação (CIP)

Cintra, Luiz Fernando
  Como orar? / Luiz Fernando Cintra — 4ª ed. — São Paulo:
Quadrante, 2023.

  ISBN: 978-85-7465-590-1

  1. Oração - 2. Oração - Estudo e ensino I. Título

CDD-242.807

Índice para catálogo sistemático:
1. Oração : Estudo e ensino :
Literatura devocional 242.807

Todos os direitos reservados a
QUADRANTE EDITORA
Rua Bernardo da Veiga, 47 - Tel.: 3873-2270
CEP 01252-020 - São Paulo - SP
www.quadrante.com.br / atendimento@quadrante.com.br

SUMÁRIO

NECESSIDADE DA ORAÇÃO 5

AS CONDIÇÕES DA ORAÇÃO 47

A PRÁTICA DA ORAÇÃO 69

O COMBATE DA ORAÇÃO 109

OS FRUTOS DA ORAÇÃO 145

NOTAS 155

NECESSIDADE DA ORAÇÃO

Uma curiosa mesa-redonda

Imaginemos que estamos diante de uma televisão toda especial, um autêntico portento da tecnologia. A sua particularidade é ultrapassar as barreiras do tempo, unindo eventos de diversas épocas num mesmo momento. O programa que sintonizamos é uma mesa redonda que tem por tema «A necessidade da oração». Foram convidados especialistas de séculos muito diversos para falar sobre o assunto.

Depois das devidas apresentações, o moderador cede a palavra ao primeiro dos convidados. A câmera focaliza um rosto expressivo, de olhos vivos. Trata-se de Santa Teresa de Ávila, que desempenhou um papel fundamental na renovação espiritual da Igreja no século XVI. As suas obras são referência obrigatória quando o tema é oração. Com voz firme e decidida, toca diretamente o coração dos espectadores:

— «Só há um caminho para chegar a Deus: a oração; se vos indicarem outro, enganam-vos»[1].

Dando pleno apoio às palavras de Teresa de Ávila, toma o microfone Santo Afonso de Ligório, bispo e Doutor da Igreja, que viveu no século XVIII. As suas obras sobre Nossa Senhora e sobre o relacionamento com Deus continuam a ter enorme difusão. Com os seus gestos serenos e cativantes, ganha imediatamente a simpatia e a admiração dos espectadores:

— Todos os santos se santificaram por meio da oração; todos os condenados se perderam por não terem orado; se o tivessem feito com persistência, ter-se-iam salvo[2].

Os assistentes estremecem perante a seriedade da disjuntiva: salvação ou perdição eterna.

A câmera focaliza então um rosto sorridente. Trata-se de São Josemaria Escrivá que, nos nossos dias, abriu aos leigos um caminho acessível e alegre de santificação no meio da sua vida diária:

— A oração é o fundamento de toda a atividade sobrenatural. Com a oração, somos onipotentes, e, se prescindíssemos desse recurso, nada conseguiríamos[3].

Que enorme poder o da oração!

O microfone volta para a Santa de Ávila:

— Quem não faz oração não necessita de demônio que o tente; ao passo que quem a faz apenas quinze minutos por dia, necessariamente se salva[4].

Um tempo tão breve para uma felicidade eterna!

Como para reforçar o assunto, toma a palavra um homem de ampla humanidade e voz pausada: é Tomás de Aquino, uma das maiores luminárias da filosofia e da teologia, ao mesmo tempo que alma profundamente contemplativa:

— A oração é necessária, não para que Deus tome conhecimento das nossas necessidades, mas para que nós nos demos conta da necessidade que temos de recorrer a Deus[5].

O que impressiona é que essas almas santas falam não só de uma grande «conveniência» da oração, mas de uma *necessidade absoluta*, comparável à necessidade que temos do ar ou do alimento para a vida corporal.

Esse programa de televisão não existiu nem existirá: é mero produto da imaginação. Mas todas as frases que citamos são autênticas e sublinham unanimemente a necessidade da oração para a salvação e para a construção de uma vida cristã séria.

Talvez por causa dessa relação tão estreita, as pessoas que se afastaram de Deus durante uma temporada e desejam retornar a Ele ressaltem, como sua primeira e principal falha, precisamente essa: «Desleixei as minhas orações..., esqueci-me de Deus...» E sabem que o caminho de retorno passará, necessariamente, por esse meio imprescindível.

O dom da oração

Genialmente irrepetível é a concepção artística de Michelangelo sobre a criação do homem, na Capela Sixtina. Um Deus de aspecto majestoso quase toca com o seu dedo divino o dedo da primeira mão humana. Naqueles milímetros que separam os dois seres fica representada a distância infinita que há entre a criatura e o Criador, mas ao mesmo tempo os dois olhares se encontram num primeiro laço de amizade.

O nosso Criador é inabarcável, inteiramente inatingível por meio dos sentidos. E poderia muito bem ter permanecido assim, reservando para a outra vida toda e qualquer possibilidade de um encontro pessoal com Ele. Mas quis tornar-se acessível, quis que, por assim dizer, os nossos olhares pudessem cruzar-se com o seu já nesta vida, para que o nosso coração pudesse aproximar-se do seu com inteira confiança.

A oração não é, pois, nada *normal*, na medida em que é muito pouco razoável que o Todo-Poderoso se disponha a ouvir-nos a cada um de nós, nas nossas necessidades e circunstâncias. É um dom divino que procede da sua bondade infinita. Como dizia o Cura d'Ars, «Deus é tão bom que nos permitiu falar com Ele»[6]. E, ao mesmo tempo, esse dom divino é a coisa mais *normal* possível, no sentido de que não exige marcar hora nem combinar um local. Basta pormo-nos na presença de Deus, que nos é mais íntimo do que nós a nós mesmos, e falar-lhe. «Para mim — dizia Santa Teresa de Lisieux —, a oração é um impulso do coração, é um simples olhar lançado ao céu, um grito de reconhecimento e amor no meio da provação ou da alegria»[7].

Mas para que orar?

O antigo Catecismo das crianças, respondendo à pergunta sobre o motivo pelo qual o homem foi criado, afirmava categoricamente: «O homem foi criado para conhecer e amar a Deus nesta vida...» Todos percebemos que só pode ser esta a razão de ser, o principal objetivo da nossa vida. E a oração é o caminho para o atingirmos, um caminho insubstituível. Só através dela obtemos a proximidade pessoal com Deus, uma proximidade que não se adquire pelo simples estudo da doutrina cristã e da ciência moral, nem por uma vida moral imune a toda a crítica, nem pelo cumprimento de uns elaborados ritos externos.

Não há dúvida de que, sem um conhecimento adequado da doutrina católica, a nossa oração seria sempre «subnutrida», mirrada; mas não é menos verdade que, sem oração, o mero conhecimento doutrinal tenderia a transformar-se numa espécie de «matemática do espírito», árida, fria e estéril. A primeira finalidade da oração é, portanto, abrir-nos a esse dom e permitir-nos chegar a um *conhecimento pessoal e cordial de Deus*.

Mas, para chegarmos a essa intimidade com Deus, é preciso também que nos conheçamos a nós mesmos, que saibamos quem é esse «eu» que pretende conversar com o seu Criador. Ou seja, a segunda finalidade pela qual fazemos oração é que ela deve conduzir-nos ao *conhecimento próprio*.

«Espelho, espelho meu, existe alguém no mundo mais bela do que eu?», perguntava-se a princesa do conto de fadas. E o espelho respondia afirmativa ou negativamente. Oxalá o espelho da nossa consciência respondesse tão claramente às dúvidas que temos sobre nós mesmos.

Em muitas ocasiões, somos uma incógnita aos nossos próprios olhos, porque o nosso verdadeiro rosto está oculto sob o véu das nossas paixões, do receio de nos reconhecermos como somos, do orgulho que retoca as nossas obras com cores irreais, do egoísmo que defende a todo o custo o proveito próprio...

Ora, o espelho que responde às questões sobre nós mesmos só pode ser, por isso, um espelho «indireto»: o espelho da oração. Só espelhando-nos em Deus, vendo-o como nosso Criador e vendo-nos como criaturas suas, sabendo-nos filhos seus pelo Batismo, mas também pecadores que o ofenderam e continuam a ofendê-lo..., só assim iremos retirando esse véu que nos esconde de nós mesmos.

Por outro lado, há na nossa vida ainda um outro véu: a incerteza sobre *o que fazer*. Que caminho seguir na vida? Como sobreviver neste mundo, sendo honesto? Como encarar serenamente essa dificuldade familiar? O que Deus quer de mim com este desastre econômico? Por que esta doença agora?...

Deus conhece as respostas a todas essas perguntas, e está sempre à nossa disposição para nos dar as explicações ou o conforto necessários.

No entanto, como dizia Santo Afonso de Ligório, «Deus não costuma falar à alma que não lhe fala»[8]: o Senhor deseja falar-nos do seu amor e dos seus planos a nosso respeito, mas, se nós não nos dispusermos a procurá-lo — a *fazer oração* —, permaneceremos na ansiedade da dúvida.

A oração é, portanto, também o grande meio para descobrirmos a resposta ao «Que devo fazer nesta vida?» A resposta, em si, é muito simples: *a vontade de Deus*. Mas não se trata apenas dessa vontade divina que poderíamos chamar «genérica», aplicável a todos os homens, e que se expressa nos Mandamentos da Lei de Deus e da Igreja; trata-se, mais especificamente, da vontade concreta de

Deus para mim, aqui e agora. Desde as grandes decisões que precisamos tomar na nossa vida até as decisões corriqueiras do nosso dia-a-dia, tudo deve seguir a orientação divina, num ato de confiante aceitação e obediência.

É por isso que, para nos aproximarmos de Deus, não nos basta apenas evitar o descumprimento dos preceitos divinos. Não nos basta ser «certinhos», ser «bons» ou até isso a que chamam «um santo», mas sempre pela via negativa: «Não mato, não roubo, não minto»... Isso seria reduzir a religião a um legalismo mais ou menos do mesmo tipo do daqueles que dizem: «A minha religião me proíbe de fumar». Não: o cristão não é um colecionador maníaco de regras e proibições negativas: é um filho empenhado em aceitar e fazer por amor a vontade desse Deus *que o amou primeiro* (cf. 1 Jo 4, 10).

De certa forma, toda a nossa oração se resume à pergunta de Saulo, depois de cair do cavalo cegado pela luz divina: *Senhor, que queres que eu faça?* (At 9, 6). Aquele judeu legalista, ferreamente empenhado em perseguir os cristãos porque, no seu entender, tinham violado a Lei de Moisés, transformou-se, na sequência dessas palavras tão simples, no mais fogoso dos Apóstolos de Cristo.

Por fim, temos necessidade de orar porque, quando nos empenhamos seriamente em pôr em prática o que Deus quer de nós, descobrimo-nos faltos de forças, de capacidades e talentos. Faltos de tudo, necessitados de uns bens materiais, sem dúvida, mas sobretudo de bens espirituais — de fé, de fortaleza, de esperança — que só Ele pode conceder. Por isso, nada mais natural do que dirigirmo-nos ao Deus onipotente, numa atitude de *súplica*. Bem diz o novo *Catecismo da*

Igreja Católica que «o homem é um mendigo de Deus» (n. 2559)*. Se é lógico que um mendigo peça aos homens o que precisa, muito mais lógico é que, na oração, o homem peça a Deus tudo.

«Orar é o caminho para atalhar todos os males que sofremos»[9]. São imensas as promessas que encerra esta afirmação de São Josemaria Escrivá. «Atalhar os males» da vida — a solidão, o tédio proveniente da ausência de sentido para a própria vida, um sofrimento humanamente irremediável, a carência de uns bens necessários, a desorientação à hora de agir — não é o que todas as pessoas

---

(*) Nas sucessivas referências que fizermos ao *Catecismo da Igreja* ou simplesmente ao *Catecismo*, estaremos citando o texto oficial publicado em 1992. Não é preciso dizer que, especificamente no que diz respeito ao nosso tema, é muito recomendável ler e meditar o que diz esse novo *Catecismo* na IV parte, intitulada «A oração cristã».

buscam? Aí está a solução. Acessível a todos, não como a receita barata oferecida por um enganador, para curar todas as doenças; mas como a solução de tudo pela sua raiz, que é Deus.

E o que é fazer oração?

Todos sabemos, ao menos genericamente, o que é a oração. Mesmo os que não oram, os que não creem, os que têm uma vida desregrada, sabem o que é orar, embora pessoalmente não o pratiquem... ou o façam com uma fé remota e confusa, como aquele homem que orava assim: «Ó Deus, se é que existis, salvai a minha alma, se é que tenho alma»[10].

No entanto, é muito útil partir de uma noção clara do que *realmente* é a oração, e para isso recorremos de novo à ajuda de almas experimentadas.

Com palavras de São João Damasceno[11], oração é a «elevação da alma a Deus». Supõe, portanto, um encontro a sós entre dois seres: Deus e a criatura. Vimos atrás que Deus nos criou para Ele, mas, à diferença dos seres inanimados ou das criaturas irracionais, não somos para Ele apenas por existirmos e estarmos passivamente à sua disposição — como uma tábua à disposição do marceneiro —, mas porque Ele nos dotou de inteligência e vontade, e quer que caminhemos ao seu encontro conscientemente, por um livre ato da nossa vontade esclarecida.

Vemos assim que essa elevação da alma em busca do contacto com Deus é algo que corresponde à nossa condição tal como Ele a criou. Portanto, ainda que possa parecer o contrário, a iniciativa da oração não é nossa. «Deus é o primeiro a *chamar o homem*», diz-nos o *Catecismo da Igreja* (n. 2567).

A iniciativa é dEle, sim, mas a resposta cabe-nos a nós. A oração «é o encontro da sede de Deus com a nossa» (*Catecismo*, n. 2560). Depois de criar uns seres que pudessem conversar com Ele, Deus está sedento de que o façamos. E, da nossa parte, temos tanto que conversar com Ele! Por um ou outro dos motivos que apontamos acima, Deus fez-nos de tal maneira que, se não o procuramos, simplesmente não encontramos a nossa identidade. Isto reconforta-nos muito, porque sabemos de antemão que a nossa oração não se perderá na imensa distância que separa a criatura do Criador e, mais ainda, não será nunca inoportuna nem se chocará com a indiferença do interlocutor divino.

Mas a compreensão do que realmente seja a oração dá-se sobretudo pela via da experiência pessoal. «Não sabes orar? — Põe-te na presença de Deus, e logo que começares a dizer: "Senhor, não sei fazer oração!...", podes ter certeza de que começaste a fazê-la»[12].

Para esse aprendizado, deveríamos antes de mais nada dirigir-nos humildemente a Cristo com as mesmas palavras dos Apóstolos: *Senhor, ensina-nos a orar* (Lc 11, 1). E Ele não nos deixará sem resposta. Olharemos para o seu exemplo e aprenderemos de tantas ocasiões da sua vida em que os evangelistas deixaram explicitamente registrados momentos da sua oração ao Pai.

Pensemos, por exemplo, nos seus quarenta dias de oração penitente no deserto, antes de começar a vida pública, como para nos ensinar que é na oração que se obtêm as luzes e as forças para cumprir as tarefas e a missão que Deus nos confia. Ou na sua noite de vigília antes de escolher definitivamente os doze Apóstolos, mostrando-nos assim que as escolhas que temos de fazer na vida devem ser decididas em conjunto com o Pai. Ou na oração comovida junto do túmulo de seu amigo Lázaro, antes de ressuscitá-lo, mostrando-nos que as horas duras nunca nos devem fazer perder a esperança, antes nos devem levar a dar graças antecipadas: *Pai, dou-te graças por me teres ouvido. Eu sabia que sempre me ouves* (Jo 11, 41-42). Ou na exultação do seu coração quando os Apóstolos regressam da sua primeira missão carregados de frutos: *Eu te bendigo, Pai, porque escondeste estas coisas aos sábios e entendidos e as revelaste aos pequeninos* (Mt 11, 25), fazendo-nos ver que também a alegria deve ser motivo para elevarmos a alma aos céus. E tantos exemplos mais!

Cristo, *perfeito Deus*, não tinha de retirar-se para fazer oração, porque era um só com o Pai e contemplava sem interrupção o rosto divino. No entanto, porque era ao mesmo tempo *perfeito homem*, experimentou a necessidade de fazê-lo, e deixou-nos exemplo disso nas circunstâncias mais diversas, as *mesmas* que podem acontecer na nossa vida.

A oração vocal

Há muitas maneiras de elevar a alma a Deus, de dialogar com Ele, da mesma maneira que são muito diversas as formas de nos comunicarmos com os homens: pode ser a conversa tranquila numa praça, a conversa pelo telefone ou, mais modernamente, a comunicação através do «ciberespaço». Sendo a oração um diálogo, nada mais razoável que se revista de formas muito variadas, em função da situação pessoal, das necessidades, do tempo disponível ou do grau de intimidade com o interlocutor divino.

«Há muitas maneiras de orar; infinitas, poderia dizer»[13].

Mas as inúmeras formas de orar foram agrupadas pela tradição cristã em duas principais: a *oração mental* e a *vocal*. Não se trata de coisas absolutamente diferentes, mas de duas modalidades da mesma realidade. Consideremos primeiro a oração vocal, que foi a primeira forma de orar que aprendemos, talvez dos lábios da nossa mãe.

Três jovens foram fazer um passeio velejando. A princípio, o dia era ensolarado e convidativo, mas ao poucos o vento começou a soprar com força e não demorou a formar-se uma tempestade. Empurrados pela correnteza, acabaram por encontrar-se em alto mar. A situação foi-se tornando mais e mais difícil, e corriam o perigo de morrer afogados. Quando estavam quase sem esperanças, um dos três disse:

— Vamos rezar.

E começou o Pai-nosso... Mas de repente calou-se e pôs-se a chorar:

— Eu já não sei o Pai-nosso!

Um outro, que mantinha a sua fé mais em dia, serenou-o e continuou a oração até o fim. A tempestade durou mais algum tempo, mas depois acalmou-se e os três conseguiram retornar sãos e salvos.

Este episódio verídico mostra-nos diversas coisas: a eficácia da oração, a conveniência de memorizarmos as orações tradicionais e a ligação bastante direta que há entre a fé e as orações vocais. Por isso, diz-nos o *Catecismo da Igreja Católica* que «a oração vocal é um dado indispensável da vida cristã» (n. 2701).

Por ela, oramos também *com o nosso corpo*. Assim o diz a Epístola aos Hebreus: *Ofereçamos sem cessar a Deus um sacrifício de louvor, isto é, o fruto de lábios que confessam o seu nome* (Hb 13, 15).

Pelo som da nossa própria voz, as palavras, quando serenamente pronunciadas, contribuem eficazmente para *estimular a nossa devoção*.

Por outro lado, a oração vocal é simples e ágil, e por isso aplica-se a uma infinidade de situações diversas. Não é difícil que conheçamos orações ou trechos de orações, muitas vezes breves jaculatórias, que exprimam a Deus os nossos sentimentos de ação de graças ou de arrependimento, os nossos pedidos de ajuda, a nossa fé, aceitação e confiança. Não sem uma certa ponta de humor, alguém comparava a oração vocal aos sanduíches, que prescindem de talheres e pratos e podem, por conseguinte, ser levados de um lado para outro e comidos em qualquer parte. Pode-se rezar o terço no ônibus ou no metrô, pode-se dizer uma Ave-Maria ao fechar uma porta, recitar o «Santo Anjo» ao atravessar a rua...

Deve-se, no entanto, evitar dois extremos nessas nossas orações. O primeiro deles é o perigo de menosprezá-las e considerá-las de «segunda categoria», como se fosse «pouco autêntico» utilizar orações compostas por outras pessoas para expressar os nossos sentimentos pessoais. Ninguém julga «pouco autêntico» que um namorado leia um poema de Castro Alves à sua amada ou lhe cante uma conhecida canção de amor. Assim também com Deus.

No outro extremo, está o risco de *bitolar-se*, de perder a espontaneidade na expressão dos afetos e necessidades a Deus. Como contava alguém de um casal que voltava das compras; ao passarem diante da igreja paroquial, a mulher sugeriu:

— Vamos entrar e rezar um pouco?

Mas o marido respondeu-lhe:

— Agora? Impossível! Não trouxemos o nosso livro de orações...

Não se deve permitir que a oração vocal produza uma «dependência», quando, na realidade, deve ser um *auxílio* para o diálogo com Deus.

Referindo-se à catequese das crianças, o *Catecismo* diz que «a memorização das orações fundamentais oferece um apoio indispensável à vida de oração, mas importa grandemente saborear o seu sentido» (n. 2688). Devemos estar sempre agradecidos aos nossos pais que, quando éramos pequenos, nos ajudaram a aprender de cor as orações básicas; mas o correr do tempo e o amadurecimento da nossa personalidade reclamam que saibamos repeti-las com consciência e tirar fruto pessoal daquilo que a princípio talvez apenas pronunciássemos como uma cantilena incompreensível.

«Devagar. — Repara no que dizes, quem o diz e a quem. — Porque esse falar às pressas, sem lugar para a reflexão, é ruído, chacoalhar de latas. E te direi, com Santa Teresa, que a isso não chamo oração, por muito que mexas os lábios»[14]. Não basta apenas o ruído de um «chacoalhar de latas»: é preciso que se ponha a cabeça no significado das palavras e o coração no seu conteúdo. Diz Santa Teresa de Ávila que conheceu pessoas a quem Deus, durante a simples recitação de um Pai-nosso, elevava a um estado de oração verdadeiramente místico. E eram pessoas muito pouco instruídas.

Devemos estar preparados, no entanto, para as distrações nesta forma de oração, pois são consequência inevitável da nossa fragilidade. Conta-se que, em certa ocasião, um camponês se vangloriava diante de São Bernardo de nunca se distrair ao rezar. O santo, profundo conhecedor da natureza humana, disse-lhe:

— Meu amigo, vamos fazer um trato. Se você conseguir rezar um só Pai-nosso sem se distrair, dou-lhe o cavalo em que estou montado.

Animado com o desafio, o camponês iniciou prontamente o seu Pai-nosso. Mal tinha começado, interrompeu a oração e disse:

— Com os arreios e a sela também?

Ficou sem cavalo, sem arreios e sem sela...

Isto não significa que não devamos esforçar-nos por melhorar o nível da atenção com que rezamos as nossas orações vocais. Se as recitamos maquinal ou apressadamente — como pode acontecer com as orações da manhã e da noite —, de pouco servem. «Se você não está atento, como quer que Deus esteja?», dizia alguém, muito sensatamente.

De qualquer forma, ainda que as nossas orações vocais não nos saiam tão redondas como gostaríamos, nem por isso devemos omiti-las. Só Deus sabe quantas graças vem concedendo ao longo dos séculos, como fruto dos Pai-nossos, das Ave-Marias, dos Glórias e de tantas outras orações vocais que o povo cristão elevou até Ele.

Um bispo perguntou certa vez ao Papa Pio XII, por ocasião de uma audiência:

— Santidade, o senhor dorme bem à noite?

O Papa, um tanto surpreendido, respondeu:

— Sim. Mas por que me pergunta isso?

E o bispo completou:

— Olhe, Santo Padre, quando eu era pequeno, tínhamos uma empregada que, ao pôr-nos na cama, nos fazia rezar para que o Papa tivesse um sono tranquilo. Desde aquela época, tenho-o feito sempre e, na verdade, estava curioso por saber se dava resultado...

Os frutos da oração vocal ultrapassam em muito o nosso conhecimento, e certamente haveremos de assombrar-nos quando descobrirmos toda a sua eficácia ao chegarmos à outra vida.

A oração mental

Toda a oração é, de certa forma, oração mental. A própria oração vocal só é oração porque é mental, pela concentração interior que exige. Mas, em sentido mais estrito, costuma-se chamar *oração mental* àquela que é feita exclusivamente com a mente, sem intervenção de palavras ou de orações compostas previamente por outros.

Segundo a definição clássica de Santa Teresa, «oração mental, a meu ver, não é outra coisa senão tratar intimamente com Aquele que nos ama, e estar muitas vezes conversando a sós com Ele»[15]. Não se pode expressar melhor o clima em que se deve desenrolar a oração mental.

Os autores antigos costumam distinguir vários níveis nessa oração sem palavras: desde a simples consideração intelectual de uma verdade de fé, a que normalmente se chama *meditação*, até a alta *contemplação* dos místicos, em que, como diz São João da Cruz, «a alma se compraz em permanecer a sós com Deus, fixando nEle a sua atenção, sem qualquer consideração particular»[16]. Mas, em qualquer dos seus níveis, a oração mental supõe a interrupção dos afazeres quotidianos para dedicar um certo tempo diário exclusivamente a esse encontro com Deus no silêncio e na intimidade do coração.

Em que se ocupa esse tempo? Numa conversa simples em que se procura a aproximação com Deus e, a partir daí, se busca o convívio e se estreita a amizade.

Não há que imaginar nada de complicado. Como se chega à amizade nas relações humanas? Não é pela conversa informal em que, aos poucos, se vão descobrindo afinidades, e daí nasce a simpatia, e depois o bem-querer? Com Deus é o mesmo, porque o coração humano é um só e o mesmo, quer tratemos com os homens, quer tratemos com Deus. Não temos outro coração para Deus.

Para dizer tudo desde já, um bom modelo para a nossa oração mental é o diálogo que os Apóstolos mantinham com Jesus Cristo. Aquilo que eles lhe diziam de viva voz, sem nenhum constrangimento, sem atitudes rebuscadas, devemos nós dizer-lho com o coração. Os discípulos contavam ao Senhor os acontecimentos do seu dia-a-dia, pediam-lhe conselhos, desabafavam com Ele nas horas amargas, comunicavam-lhe as boas notícias e as alegrias. E o Senhor os ia instruindo, respondendo-lhes e revelando-lhes os seus mais profundos mistérios. Hoje, como ontem e sempre, o Senhor quer manter conosco esse convívio de amizade, quer ouvir-nos e quer falar-nos, tal como àqueles Doze.

Ao longo destas páginas, será quase sempre da oração mental que nos ocuparemos.

O que não é oração mental

E já que descrevemos em linhas gerais o que é a oração mental, é muito conveniente esclarecermos o que *não* o é. O próprio *Catecismo da Igreja Católica* achou necessário alertar para o perigo das conceituações errôneas que se podem formar a este respeito (n. 2726).

Efetivamente, não é raro ouvirmos amigos nossos que dizem: «Comecei a fazer tai-chi-chuan no Parque da Água

Branca, aos domingos de manhã, e mudei completamente; agora estou em harmonia comigo mesmo. Essas coisas orientais ligam-nos de verdade com a Energia Cósmica». Ou outro, que acaba de fazer o curso do Silva Mind Control ou leu algum livro sobre «o fascinante poder da mente»: «Cara, é tão legal quando a gente entra em Alfa e sintoniza em Deus!»...

Muito em voga, ocasionalmente até em ambientes católicos, estão as «técnicas corporais» de oração, normalmente de inspiração oriental, como o Hare-Krishna. Entre elas, as mais difundidas são a ioga e a «meditação transcendental», que propõem uma série de posturas (por exemplo, a conhecida «flor-de-lótus», com as pernas cruzadas sob o tronco), exercícios respiratórios e a repetição de *mantras* (frases ou palavras de caráter sagrado ou quase-sagrado, «capazes de unificar energias habitualmente dispersas e opostas»).

A finalidade dessas técnicas é — segundo dizem — concentrar progressivamente o indivíduo em si mesmo até atingir o *vazio interior*. Por meio delas, a pessoa deve desprender-se progressivamente de todas as coisas exteriores, bem como de todos os seus vínculos com elas: os desejos, os medos, o amor e o ódio. Uma vez atingido esse estágio interior de completo esvaziamento, o «eu», «centelha da divindade cósmica encarcerada na matéria», estaria preparado para ingressar no nirvana, para desfazer-se como uma gota no oceano cósmico do Absoluto.

Este tipo de exercícios, embora os seus praticantes nem sempre tenham plena consciência disso, traz a marca do hinduísmo e do budismo. Já o cristão sabe que o mundo não é um cárcere do qual se deva fugir, mas uma obra de Deus que vale a pena amar e admirar; sabe que nenhum de nós é um «fragmento perdido de Deus» destinado a dissolver-se depois da morte, a perder a individualidade numa espécie de «sopa cósmica»; é uma *criatura de Deus*, essencialmente distinta do seu Criador, mas chamada a relacionar-se amorosamente com Ele por toda a eternidade, de tu a tu, sem perder a sua personalidade própria. E, portanto, sabe que a oração mental não é nenhum processo de esvaziamento interior, mas sim um *cumular-se de Deus, de Cristo*.

O Papa João Paulo II, referindo-se a Santa Teresa, afirmava que ela «rejeitava os livros que propunham a contemplação como um vago engolfar-se na divindade ou como um "não pensar em nada", vendo nisso o perigo de a pessoa se debruçar sobre si mesma, de afastar-se de Cristo, do qual nos "vêm todos os bens". Daí o seu grito: "Afastar-se de Cristo..., não o posso sofrer". Esse grito é válido também nos nossos dias, contra algumas técnicas de oração que não se inspiram no Evangelho e que praticamente tendem a prescindir de Cristo, em favor de um vazio mental que não tem sentido dentro do cristianismo»[17].

Outras correntes, mais inspiradas em certas psicologias de cunho ocidental ou sincrético, tendem a confundir a oração com uma simples *operação psicológica*. Usam as mesmas «técnicas» que descrevemos anteriormente, mas com a finalidade de produzir *estados interiores* especiais. A ideia, na sua vertente mais mística, é «sintonizar com o comprimento de onda de Deus», o «Alfa perene», a fim de «conectar-se com o seu manancial inesgotável de paz infinita, amor e sabedoria sem fim» — como se Deus fosse a antena de uma emissora de TV... Ou então, na sua vertente mais prática, «liberar as imensas energias mentais que você traz dentro de si, e que lhe possibilitariam fazer qualquer coisa, até teletransportar-se para outros planetas»... Sem comentários.

De certa forma, essas técnicas de oração são semelhantes, em ponto maior, às pequenas *superstições* que alguns cultivam, confundindo atitudes e palavras rituais — como pôr uma fita do Senhor do Bonfim no espelho do carro ou acender uma vela a Nossa Senhora Aparecida exclusivamente na hora das dificuldades econômicas ou de saúde — com a verdadeira oração. Por trás desses «mecanismos» todos, grandes e pequenos, está a intenção de *manipular Deus*, de obrigá-lo a fazer a nossa vontade, a pretensão de servir-se dEle ao invés de servi-lo. E, como diz a canção, «isso não é amor». Pode ser vaidade, mercenarismo, cegueira orgulhosa ou simples burrice, conforme o caso; mas não é oração.

Não há problema em que um católico pratique, se lhe interessar, tai-chi-chuan, ou ioga, ou exercícios de respiração, na medida em que essas coisas podem realmente produzir um certo efeito de relaxamento muscular, de bem-estar interior ou de catarse que livra das tensões da vida. O que não pode é esquecer que seria uma solene estupidez ver nisso mais do que uma simples forma de ginástica ou de higiene mental.

A diferença que há entre essas atitudes voltadas para dentro, para uma mesquinha e egocêntrica busca de si mesmo, e a verdadeira oração, que nos abre para além de nós mesmos, para o verdadeiro Deus, aparece de maneira muito viva no relato de uma escritora russa contemporânea, Tatjana Goritschewa.

Convertida ao cristianismo aos vinte e seis anos de idade, essa autora fundou em Leningrado o primeiro movimento feminino cristão, ajudou a organizar palestras e aulas sobre o cristianismo em toda a antiga URSS e chegou a publicar dois jornais clandestinos; depois de ter sido presa e submetida a interrogatórios, foi exilada em 1980.

Descrevendo-nos a trajetória da sua conversão, conta-nos Tatjana que, revoltada com a ideologia marxista e ateia dominante, se refugiou com avidez na ioga quando se difundiram na União Soviética os misticismos orientais. Segundo lhe tinham dito os gurus, «por meio de uns exercícios e de um saber oculto acerca de "poderes astrais e mentais", poderia alcançar certeira e conscientemente a categoria de um super-homem». Mas o resultado foi apenas uma sensação de profunda e universal angústia e depressão. Vejamos como ela mesma relata o momento crucial da sua vida:

«Cansada e sem vontade, ia fazendo as minhas sessões com os mantras. É preciso que se saiba que, até aquele momento, eu nunca tinha pronunciado uma só oração; mais ainda, nem mesmo conhecia uma única oração. Descobri, porém, que um dos meus manuais de ioga sugeria que se usasse uma oração cristã, o Pai-nosso, como mantra. [...] Comecei, pois, a recitá--lo como se costuma fazer na ioga, sem imprimir ênfase às palavras, repetindo-as de maneira automática. Murmurei assim o Pai-nosso umas seis vezes, quando de repente me dei conta do que estava dizen-do, e num instante me vi completamente transformada. Compreendi — não com a minha ridícula inteligência, mas com todo o meu ser — que Ele existia. Ele, o Deus vivo, o Deus pessoal, que me amava a mim e a todas as criaturas, que tinha criado o mundo, que se tinha feito homem, o Deus crucificado e ressuscitado»[18].

Em outubro de 1989, a Sagrada Congregação para a Doutrina da Fé publicou uma Carta dirigida aos bispos e a todo o povo cristão acerca da meditação cristã. O parágrafo final desse documento compendia e sintetiza esplendidamente tudo o que acabamos de ver:

«O amor de Deus, único objeto da contemplação cristã, é uma realidade de que ninguém se pode apoderar por meio de algum método ou técnica; pelo contrário, devemos ter sempre o olhar fixo em Jesus Cristo, através de quem o amor de Deus chegou até nós»[19].

AS CONDIÇÕES DA ORAÇÃO

Fé

Não adianta estudar teoria musical se não se aprende a tocar um instrumento. Da mesma forma, não basta saber teoricamente o que seja orar. É preciso considerar a oração do ponto de vista vivencial, e, para isso, importa considerar que virtudes são especialmente necessárias para o seu exercício.

Se abrirmos ao acaso o Evangelho, é muito provável que encontremos no trecho que nos caiu debaixo dos olhos alguma referência à *fé*. Seja o elogio de Cristo ao centurião que pedia com fé humilde a cura do seu servo, seja a recriminação que o Senhor dirige aos discípulos pela sua pouca fé no meio da tempestade no lago, ou a explicação que lhes dá a propósito da figueira que secou: *Tende fé em Deus* [...]. *Tudo o que pedirdes na oração, crede que o recebereis, e ser-vos-á dado* (Mc 11, 22.24). E tantos exemplos mais.

Compreendemos facilmente que falar de «oração sem fé» seria um contrassenso tão absurdo como falar de «um rio sem água». Com efeito, precisamos de fé para situar-nos na presença do Deus vivo, para falar-lhe e ouvi-lo como interlocutor amável; para saber com firmeza que a nossa oração é sempre escutada; até para perceber a necessidade absoluta que temos dela.

Mas essa fé tão necessária pode ter muitos graus: pode ser fraca e incipiente, ou firme e capaz de mover montanhas (cf. Mt 17, 20). Por enquanto, basta-nos saber que, para começar, é suficiente que nos encontremos no grau mais baixo, uma vez que a própria oração nos trará as graças necessárias para crescermos pouco a pouco nessa disposição básica.

Neste sentido, é animador ler no Evangelho o diálogo que mantém com Cristo um homem que lhe pedia a cura do seu filho epiléptico. Suplicou-lhe o homem: *Se podes alguma coisa, ajuda-nos*. Disse-lhe Jesus: *Se podes alguma coisa! Tudo é possível ao que crê*. Imediatamente o pai do menino exclamou: *Creio, Senhor, mas vem em socorro da minha incredulidade* (Mc 9, 22-24).

Isso basta, para começar. Basta querer crer e pedir ajuda para crer mais e melhor. E cedo ou tarde experimentaremos uma fé capaz de transportar montanhas.

Enche-nos de uma sadia inveja a oração cheia de fé de tantos santos. Valha o exemplo de Santa Teresa de Lisieux quando ainda era bastante jovem. Soube pelo jornal que seria executado um assassino e pensou que, em vista do seu passado de desprezo pela Igreja, possivelmente morreria afastado de Deus. Pediu a ajuda da oração da sua irmã e «sentia no fundo do coração a *certeza* de que os nossos desejos seriam satisfeitos». Mas pediu a Deus que lhe desse algum sinal externo de que o seu pedido de salvação daquele homem seria atendido.

«No dia seguinte ao da execução, tomo o jornal *La Croix*, abro-o ansiosamente, e que vejo?... As lágrimas traíram a minha emoção e fui obrigada a esconder-me... Pranzini não se confessara; subira ao cadafalso e estava prestes a passar a cabeça pelo lúgubre orifício quando, por súbita inspiração, se voltou de repente, tomou o crucifixo que o padre lhe apresentava e beijou por *três vezes* as sagradas chagas...»[20] A *certeza* de que fala Teresa era manifestação claríssima da fé com que se dirigia à Onipotência divina.

Conta-se que em determinada região, digamos do sertão nordestino, houve uma seca que se prolongou muito mais do que o normal. Na praça principal da cidade, diante da matriz, reunira-se uma imensa multidão que viera em procissão pedir à Padroeira a chuva que faltava havia tantos meses. No meio de toda aquela gente, porém, havia apenas uma única pessoa devidamente preparada: uma solitária menina de nove anos que, com toda a seriedade infantil, carregava no braço um pequenino guarda-chuva. «Quem pede para que chova deve levar um guarda-chuva», raciocinava ela, e temos de concordar que estava coberta de razão. Em toda aquela multidão, só ela pedia verdadeiramente com a *certeza* de quem vai receber o que pede.

Esta fé, que sobressai quando se trata de pedir uma graça urgente, é a que deve dominar todos os momentos em que nos pomos na presença de Deus para conversar com Ele. Senão, com quem conversaríamos? Com uma parede? Com um fantasma?

Deus não é o Deus de mortos, mas de vivos, porque Ele próprio é o Deus vivo. Mais ainda: levado pelas suas ânsias de redenção da humanidade e porque *as suas delícias são estar com os filhos dos homens* (cf. Pr 8, 31), não só quis tomar carne e habitar entre nós, como, depois da sua morte e ressurreição, permaneceu ao nosso dispor escondido em cada Sacrário. Ali palpita, hoje e até ao fim dos tempos, em toda a plenitude da sua Divindade e da sua Humanidade. Pela sua humanidade, compreende a nossa linguagem e os nossos sentimentos; pela sua divindade, abençoa-nos, reanima-nos, abre-nos horizontes de paz, de retificação e de bem-fazer. «Em Cristo — explica João Paulo II —, a religião já não é um "procurar Deus às apalpadelas" (cf. At 17, 27), mas uma *resposta de fé* a Deus que se revela: resposta que se tornou possível em virtude daquele Homem único [...] em quem Deus fala a cada homem e cada homem se torna capaz de responder a Deus»[21].

Por conseguinte, não só para começar a pôr-nos na presença de Deus — o que, como veremos, é o primeiro passo —, mas ao longo dos minutos em que estivermos em oração, convém-nos muito repetir atos de fé que avivem a consciência de que estamos diante de um Ser *pessoal*, do Deus sempiterno, que nos vê e nos ouve, que tudo sabe e tudo pode. «Creio, Senhor, mas aumenta a minha fé», diremos com essa ou outras expressões que podem brotar espontaneamente dentro de nós, suplicando a Deus esse dom imerecido. Ele não deixará de ouvir-nos.

Humildade

Entre as parábolas narradas por Cristo, a que mostra de forma mais evidente a necessidade da *humildade* na oração é, sem dúvida, a parábola do fariseu e do publicano. Já na introdução, São Lucas diz que o Senhor se referia *a alguns que confiavam em si mesmos, tendo-se por justos e desprezando os outros* (Lc 18, 9).

Compreendemos que, diante do Deus infinito, a nossa atitude na oração não pode ser senão a da criatura diante do seu Criador, e, mais ainda, a de uma criatura dotada da terrível capacidade — que não têm os seres irracionais — de pecar, de calcar Deus aos pés, como se fosse um verme. Na oração, Deus esquece a distância que nos separa dEle, mas nós não podemos esquecê-la. «Quanto mais é dado a uma criatura aproximar-se de Deus, tanto mais cresce nela a reverência diante do Deus três vezes Santo. Compreendemos assim a palavra de Santo Agostinho: "Tu podes chamar-me amigo, mas eu me reconheço servidor" (*Enarr. in Ps.* 142, 6)»[22].

A parábola evangélica dos dois homens que foram ao templo para orar desenha com uma riqueza de detalhes o contraste até corporal entre a autossuficiência de um e a humildade do outro. O fariseu avançou para a primeira fila e, enquanto orava, de pé, nem mesmo inclinou a cabeça. O publicano, porém, *mantendo-se à distância, não ousava sequer levantar os olhos, mas batia no peito*. É como se um tratasse a Deus de igual para igual, e o outro, até externamente, quisesse revelar os sentimentos de indignidade que o dominavam.

Mas o contraste torna-se verdadeiramente essencial quando comparamos as orações que cada um dirigiu a Deus. O fariseu, sob o pretexto de dar graças, o que faz é dar largas ao orgulho de não ser ladrão, injusto e adúltero, como os outros homens, *nem como o publicano que está ali*; e depois gaba-se das suas boas obras com ares de herói. O publicano, pelo contrário, *batia no peito, dizendo: «Ó Deus, tem piedade de mim, que sou pecador».* E Cristo conclui: *Digo-vos que este voltou justificado, e não o outro. Pois todo o que se exalta será humilhado, e quem se humilha será exaltado* (Lc 18, 9-14).

Queremos realmente orar? Queremos realmente experimentar a *necessidade* de orar? Partamos da nossa condição de pecadores que foram perdoados inúmeras vezes e que outras tantas ou mais continuarão a necessitar do perdão divino pela vida fora. Não podemos parecer-nos com aquele personagem, descrito com uma ponta de humor por Ronald Knox, que orava assim: «Aqui estou eu, Martin Brodd; tem piedade da minha alma, meu Senhor e meu Deus; a mesma que eu teria se eu fosse Deus, e tu Martin Brodd»[23]...

Santa Teresa, na sua obra clássica *As moradas* — em que descreve nada menos que sete *níveis* de oração, em grau de perfeição crescente —, frisa a importância da humildade em todas elas, desde a primeira até a sétima. Tanto a oração do principiante como a do adiantado exigem humildade, porque a humildade afeta a oração na sua própria raiz. Só faz boa oração aquele que sabe o que realmente é. E, como diz São João Crisóstomo, «quem melhor conhece a si mesmo é quem sabe que não vale nada»[24].

Confiança

Talvez já tenhamos reparado como é diferente a forma de encarar a oração no Antigo e no Novo Testamento. A atitude vetero-testamentária é respeitosa, mas também temerosa e distante: *Hoje vimos que Deus pode falar ao homem sem que este morra*, diz o Deuteronômio (5, 24). O simples fato de ouvir a Deus sem morrer já era considerado uma bênção. O que se requer de nós, desde que a Segunda Pessoa da Trindade se fez homem, da nossa natureza, nosso irmão, é uma atitude muito mais próxima.

A consciência de que, ao orar, não podemos dirigir-nos a Deus do alto da nossa autossuficiência não significa que a nossa oração deva ser constrangida, serviçal ou humilhada. Acaso os que se amam deixam de ter que respeitar-se? Isso seria o fim do amor.

Uma das expressões que mais comovem nos lábios de Cristo é esta: *Não temas, não temais* (cf. Mt 8, 26; 14, 27; Mc 6, 50; Lc 8, 50; Jo 6, 20...). É um pedido afetuoso e terno de fé e confiança, em momentos em que manifesta os seus poderes sobrenaturais, em que confia aos Apóstolos uma missão universal, em que lhes aparece depois de ressuscitado (cf. Lc 24, 36-38), como se tivesse receio de que os pudesse assustar, e os tranquiliza, pedindo-lhes que não se encolham na sua presença.

Se o vemos comer com publicanos e pecadores, se não condenou a mulher apanhada em adultério, se concedeu o céu — *hoje mesmo, comigo!* — ao bom ladrão que morria ao seu lado, se censurou os que queriam impedir as crianças de aproximar-se dEle, como podemos nós achar estranho, difícil ou complicado procurar o seu convívio pela oração?

Infelizmente, criou-se ao redor da oração mental um muro que, querendo reafirmá-la como terreno sagrado, acabou por isolá-la do comum dos fiéis, que se julgam incapazes para uma tarefa certamente sublime, mas para a qual não foram talhados. «A oração — lembra-te disto — não consiste em pronunciar discursos bonitos, frases grandiloquentes...»[25]

Ao recolher-nos em oração, não devemos munir-nos de um vocabulário especial, repleto de «Ó's», nem necessariamente tratar a Deus de «Vossa Soberana Majestade», nem falar apenas de temas elevados como os destinos da humanidade ou a contemplação beatífica na outra vida. O nosso diálogo com Deus — já o vimos — deve ter o tom simples e natural da conversa de filhos com um Pai que nos conhece e nos ama, com um Irmão que viveu experiências muito semelhantes às nossas. Devemos fugir daquilo que alguém denominou «retórica espiritual»; o que importa não é *como* falamos, mas *a Quem* falamos. E fazê-lo como se faz com os homens: olhando a Deus por assim dizer nos olhos. Sem revestimentos ou adornos, sem falsos títulos, mas tal e como somos; nem mais, nem menos.

Quando era um jovem sacerdote e confessava numa igreja madrilena, São Josemaria Escrivá ouvia todos os dias uma forte batida de porta, seguida de um chacoalhar metálico. Intrigado, resolveu um dia averiguar o que se passava e, saindo do confessionário no momento em que se produziu o ruído, viu, surpreendido, o homem do leite que entrava com os seus cântaros: deixou-os no chão, fez uma breve genuflexão e estava para sair quando mons. Escrivá foi ao seu encontro e lhe perguntou o que fazia nessas entradas tão atrapalhadas... O homem, desculpando-se pelas suas maneiras toscas, explicou-lhe que cumprimentava o Senhor dizendo: «Senhor, aqui está João, o leiteiro». Aquela oração simples e confiante comoveu o jovem sacerdote, que passou o dia repetindo atos de amor a Jesus sacramentado: «Senhor, aqui está este infeliz, que não te sabe amar como João o leiteiro»[26].

À hora da oração, oxalá não nos falte a simplicidade do leiteiro.

Amor

O melhor tipo de diálogo é o de duas pessoas que se amam. Com Deus, as coisas dão-se da mesma forma. Voltamos então à definição de Santa Teresa: orar é manter um colóquio de amizade, a sós, «com quem sabemos que nos ama».

Vale a pena tornarmos a considerar: Deus não é uma *ideia*, mas um Deus pessoal; não é um Deus *escondido*, mas presente, ao nosso lado; não é o *justiceiro*, que nos aguarda de espada na mão: nEle, tudo nos salva e nada nos condena; não é o *detentor da chave do cofre*, a quem devamos convencer com um servilismo astuto. Diz-nos São João que *Deus é amor*. Se pudéssemos achar nas nossas relações uma pessoa que *só* amasse, cujos gestos e atos fossem *unicamente* expressão do amor, teríamos achado o próprio Deus.

E Ele *amou-nos primeiro*. Criou-nos, redimiu-nos e assegurou-nos o caminho para uma felicidade sem fim — por um amor que nos precedeu. Nem existíamos, e já nos amava. E por isso foi dEle a iniciativa de entabular com cada um de nós esse diálogo de amor que se chama oração. Resta, então, a nossa resposta, porque o amor exige sempre dois polos: «Amor com amor se paga». A nossa retribuição a tanta bondade divina terá que ser amor, e um amor ardente.

Não basta, para nos movermos à oração, apenas o *respeito*. Um aluno pode ter respeito ao diretor da escola, sem que haja diálogo algum; pelo contrário, esse respeito pode criar distâncias que dificultem a comunicação. É o que se nota em certos cristãos que dizem: «Deus deve estar ocupado em coisas mais importantes; por isso não ouso incomodá-lo com as minhas ninharias».

Menos ainda pode a oração basear-se no *temor*. Uma oração que nascesse dessa atitude seria a daqueles que pensam que «é melhor rezar, porque senão pode acontecer algo pior...»

É verdade que o temor pode ser o impulso inicial para a oração daqueles que se encontram separados de Deus pelo pecado grave. Essa oração não é desprovida de sentido; muito pelo contrário, costuma ser o grande meio para que essas pessoas retornem ao estado de graça. Aqueles que, por terem pecado, sentem «vergonha» de apresentar-se diante de Deus devem vencer essa barreira, pois Deus nos espera a cada um de braços abertos, se há um desejo verdadeiro de seguir os seus ensinamentos. Dessa forma, o temor será a ponte que conduz ao amor.

O único impulso estável para a oração é, portanto, o amor. É do amor que brota a oração, e é para ele que se orienta. Por isso, em muitas ocasiões, a simples constatação do amor divino por nós e a vontade de corresponder-lhe com todas as forças será o melhor tema para a nossa oração mental. Chegaremos a pedir-lhe isso mesmo, no decorrer do nosso diálogo com Ele: «Dá-me, Senhor, o amor com que queres que eu Te ame»[27].

Certa vez, já avançada a noite, a freira que acompanhava Santa Teresa de Lisieux na sua última doença foi encontrá-la em atitude de oração:

— Que faz acordada a estas horas? Deveria dormir.

— Não consigo; tenho muitas dores. Que posso fazer senão orar?

— E que diz a Jesus?

— Não lhe digo nada. Amo-o[28].

Isto não quer dizer que a oração deva ser algo emocional ou mesmo sentimental; não tem por que traduzir-se em transportes arrebatados ou em lágrimas de comoção. Em determinadas circunstâncias, pode ser que isso aconteça, e é bom, mas não é o importante. O importante do amor na oração, como do amor humano, é a vontade de fazer companhia a Deus, procurando ganhar intimidade com Ele, auscultando os seus desejos a nosso respeito e dispondo-nos prontamente a cumpri-los: a suma perfeição da oração — diz Teresa de Ávila — «não consiste em regalos interiores nem em arroubamentos [...], mas em que a nossa vontade esteja tão conforme com a vontade de Deus que não haja nada que entendamos que Ele quer que não o queiramos nós com toda a nossa vontade»[29].

A PRÁTICA DA ORAÇÃO

A preparação

Pelo que acabamos de ver, pareceria desnecessário preparar-se para esses minutos de silêncio em conversa informal com Deus. Bastaria a espontaneidade do coração.

Mas não é bem assim. A vida está tão repleta de responsabilidades e preocupações imediatas que é fácil esquecermos esses «minutos de bendita solidão»[30] ou, o que vem a dar no mesmo, deixá-los para quando for possível, isto é, para nunca. Além disso, com a cabeça tão agitada ou cansada, de que falaremos com

Deus? E desse modo vamos perdendo o *gosto* pela oração. Toda essa espontaneidade, que deveria e *deve* jorrar normalmente de um cristão, corre o risco de não dar nem uma gota.

A conclusão é clara: se, ao abrirmos uma gaveta, não podemos achar nela o que nela não pusemos, do mesmo modo, se queremos encontrar a Deus na oração, devemos preparar a alma para esse encontro. Essa preparação tem dois tempos: a preparação *remota* e a preparação *próxima*.

A PREPARAÇÃO REMOTA

A preparação remota dá-se ao longo do dia. Um homem ou uma mulher, um jovem ou uma jovem que compreende bem o que se vai passar na sua oração, com Quem vai conversar, percebe logo que todas as horas que precedem esse encontro já não podem deixar de trazer por antecipado a sua marca: seja na véspera, se faz a oração mental de manhã cedo, seja ao longo da jornada, se a faz ao cair da tarde.

Um autor espiritual[31] concretiza essa preparação na busca de quatro gêneros de *pureza*: a pureza de consciência, a pureza de coração, a pureza de espírito e a pureza de intenção. São simples de explicar e é absolutamente necessário esforçar-se por praticá-las.

A *pureza de consciência* é a disposição firme de não consentir em nenhuma ofensa deliberada a Deus. Não nos propomos ser recebidos por Deus como amigos? Faz algum sentido quebrarmos a vidraça de uma casa alheia e depois pretendermos ser recebidos pelo dono e convidados para jantar?

A *pureza de coração* significa que não podemos ir à presença de Deus sem lutar por preservar a nossa intimidade de todas as inclinações distorcidas. Os exemplos estão à vista, mesmo no plano das coisas lícitas e boas: o amor destemperado pelo trabalho profissional, que lhe sacrifica os deveres para com Deus, a família e o próximo; a obsessiva preocupação pelos bens materiais; a dependência da opinião alheia em claro desrespeito à consciência própria etc etc.

A *pureza de espírito* pede o domínio senhoril dos pensamentos egoístas ou orgulhosos, das imaginações descontroladas e das emoções violentas, particularmente da ira, do medo e da tristeza. É assim que sempre imaginamos Jesus Cristo, o nosso interlocutor divino na oração: inteiramente senhor dos seus pensamentos e sentimentos. Ele é o Deus da paz e da simplicidade.

A *pureza de intenção* tem a ver com os reais motivos que animam ou matizam as nossas ações: vaidade?, inveja?, vingança?, satisfação dos sentidos? Em todas essas intenções secretas, trafegamos na contramão de Deus: cruzamos-nos com Ele, mas não o encontramos.

Em certo sentido, é verdade que *ninguém pode ver a Deus sem morrer* (Ex 33, 20), isto é, sem ir morrendo para as excrescências do próprio «eu». Não é uma tarefa fácil, mas não deve desencorajar ninguém. Se a pureza nos seus diversos níveis é *condição* para orar, também é o seu melhor *fruto*. Já vimos que, muitas vezes, a via de retorno de um pecador é a oração. Com maior razão, as nossas impurezas ir-se-ão reduzindo à medida que se fortalecer o nosso processo de amizade com o Deus três vezes Santo. Se a convivência com uma pessoa honrada e virtuosa nos torna melhores, o que não esperar da convivência com o próprio Deus?

O que não pode faltar, portanto, a menos que sejamos uns grandes hipócritas —

e nesse caso teremos modos muito mais divertidos de ocupar o tempo —, é a *vontade* de ir purificando progressivamente as nossas ações e o nosso mundo interior. E uma maneira prática — entre muitas — de sermos sinceros nesse propósito é irmos fazendo ao longo do dia um «levantamento» — por escrito ou mentalmente — dos nossos tropeços na busca dessa lealdade e coerência de vida, sentimentos e intenções. E sobre essas anotações conversar humilde e serenamente com Deus.

Parte importante dessa preparação remota é que procuremos evitar a dispersão durante o dia, fomentando o *recolhimento interior*. Não é algo impossível, mesmo que trabalhemos com o tempo apertado, cheios de assuntos graves por resolver, ou entre os gritos de uma feira-livre ou do pregão da bolsa de valores. Pode haver, em qualquer dessas situações, o esforço por dirigir o coração a Deus, oferecendo-lhe com um breve movimento interior esta ou aquela ação, pedindo-lhe ajuda numa dificuldade e dando-lhe graças logo que a obtemos, ou até antes, como prova de fé e de confiança. Tudo isso cria um clima interior que facilita muito o nosso colóquio com Deus.

O obstáculo não está nas circunstâncias ou nos outros. Arrastamo-lo conosco. Há muitos séculos, São Tomás de Aquino indicava os cinco grandes inimigos desse recolhimento: a *verbositas*, isto é, o excesso de palavreado nas nossas conversas, o que indica falta de autodomínio; a *curiositas*, a insaciável avidez de novidades, que nos mergulha num turbilhão de imagens confusas, desencontradas e supérfluas; a *importunitas*, que significa o desenfreio com que o espírito se dispersa buscando coisas diversas ao mesmo tempo; a *inquietudo*, ou falta interna de sossego, que não permite às ideias assentarem-se e à alma ter paz; e a *instabilitas*, que pode ser tanto externa, impelindo a pessoa a ficar andando e deslocando-se às tontas, como interna, gerando uma grande mutabilidade nos objetivos e propósitos[32]. Vencer essas tendências é um bom desafio, mesmo para o amadurecimento meramente humano da nossa personalidade. Muito mais para o convívio com Deus, que não fala no ruído, seja exterior ou interior, mas vem *no murmúrio da brisa da tarde* (cf. 1 Rs 19, 12).

A PREPARAÇÃO PRÓXIMA

A preparação próxima consiste nos cuidados que tomamos nos momentos que precedem imediatamente o nosso tempo de oração mental. Como veremos adiante, munimo-nos de um livro cujas considerações julgamos adequadas para nos auxiliar hoje, superando a preguiça que dá ir buscá-lo no andar de cima ou descobrir aonde o pôs outra pessoa da família que também o utiliza para a sua oração... Depois, levamos a nossa agenda ou o caderno que usamos para fazer anotações de cunho espiritual ou essas outras de que falávamos acima, relacionadas com as manifestações mais recentes dos nossos defeitos. E não nos esquecemos de ter à mão o lápis ou a caneta; principalmente nos começos, escrever ajuda muito a reter de forma estável os bons pensamentos — uma ideia-força, uma jaculatória — que nos podem ocorrer, assim como os compromissos que o tema meditado nos convida a assumir com Deus.

A seguir, rezamos uma oração introdutória que seja como que o pórtico por onde penetramos no terreno sagrado do diálogo com Deus. Pode ser uma Ave-

-Maria, um Pai-nosso, o *Vinde Espírito Santo* ou outra oração clássica. São Josemaria Escrivá costumava pronunciar pausadamente esta oração:

«Meu Senhor e meu Deus, creio firmemente que estás aqui, que me vês, que me ouves. Adoro-Te com profunda reverência. Peço-Te perdão dos meus pecados e graça para fazer com fruto este tempo de oração. Minha Mãe Imaculada, São José, meu Pai e Senhor, meu Anjo da Guarda, intercedei por mim».

Estão condensadas nestas palavras as disposições fundamentais que nos conduzem à presença de Deus: a fé — com as palavras do Apóstolo incrédulo, Tomé, diante de Cristo ressuscitado: *Meu Senhor e meu Deus!* —; o profundo respeito e a consciência de que somos e sempre seremos pecadores, mas pecadores desejosos de ser perdoados; e a confiança nos frutos desses minutos de graça que o Senhor nos concederá, sobretudo por intercessão da sua e nossa Mãe, de seu Pai adotivo, a quem Ele obedeceu sendo o próprio Deus, e do Anjo que nos acompanha continuamente e «torce» por nós como nem imaginamos.

E a oração com que mons. Escrivá encerrava o tempo fixo que estabelecia para o seu colóquio diário com Deus também nos esclarece sobre as disposições prévias que devemos cultivar:

«Dou-Te graças, meu Deus, pelos *bons propósitos*, *afetos* e *inspirações* que me comunicaste nesta meditação; peço-Te ajuda para os pôr em prática. Minha Mãe Imaculada, São José, meu Pai e Senhor, meu Anjo da Guarda, intercedei por mim».

Vamos à oração desejosos de abrir-nos às inspirações divinas, de conversar afetuosamente com Deus e de chegar a alguma conclusão prática.

O lugar adequado

«A escolha de um local favorável não é indiferente à verdade da oração», afirma o *Catecismo* (n. 2691).

E o melhor local para fazermos a oração é o de Maria, irmã de Marta: aos pés de Nosso Senhor Jesus Cristo. Foi ela quem *escolheu a melhor parte* (Lc 10, 42), e essa deveria ser também a nossa escolha; como não nos coube a sorte de conviver com Cristo nas suas andanças pela terra, temos de buscá-lo no Sacrário mais próximo, com o mesmo encanto maravilhado. Vale a pena fazer o esforço de ir até uma igreja ou capela onde permaneça reservado o Santíssimo Sacramento, para imitarmos Maria de Betânia, ouvindo as palavras de Cristo e dirigindo-lhe as nossas.

Olhando atentamente o tabernáculo, estamos criando as condições ideais para fazer uma boa oração. Conta-se que São Tomás de Aquino, quando uma questão teológica lhe parecia muito intrincada, metia a cabeça dentro do Sacrário — coisa que não devemos fazer — para pedir luzes ao Senhor. Se Cristo quis ficar «materializado» sob a aparência de pão, foi para que nos aproximássemos materialmente dEle.

Se isso não for possível, podemos viver o conselho que nos deu o próprio Cristo: *Tu, quando orares, entra no teu quarto e, fechada a porta, ora a teu Pai, que está em oculto, e teu Pai, que vê o oculto, te recompensará* (Mt 6, 6). Nesse caso, convém escolher algum quarto silencioso, isolado e tranquilo, pois essas condições externas facilitam a concentração e o diálogo com o Deus invisível. Dizia uma mãe de família que morava num apartamento minúsculo, desproporcionado para o seu número de filhos:

«Quando soube como eram apertadas as casas da Palestina no tempo de Jesus, descobri que o seu conselho também podia ser vivido por mim. E a partir de então a minha oração mental melhorou muito».

Pode servir-nos de ajuda ter nesse quarto um crucifixo ou uma imagem de Nossa Senhora, e olhá-los com devoção. Somos de carne e osso, e as imagens que nos entram pelos olhos são um poderoso auxílio para facilitar o contacto com Deus. É conhecida a importância que teve na conversão espiritual de Santa Teresa de Ávila, após dezoito anos de vida num convento[33], uma imagem de Cristo flagelado e coroado de espinhos, que suscitou nela um desejo devorador de dedicação plena a Deus.

Caso não seja possível nem mesmo esse isolamento em casa, temos a ajuda necessária para fazer a oração «em qualquer lugar, pois o nosso Deus está de forma inefável na nossa alma em graça»[34]. Todo o cristão que vive habitualmente em estado de graça é *portador de Deus*. Por isso o escritório, o ônibus, a rua, a fila numa repartição pública ou no banco podem e devem ser palco do nosso encontro personalíssimo com Ele.

Um jovem que fazia o serviço militar, com as horas do dia rigidamente ocupadas, comentava: «Eu aproveito os longos tempos de treino de ordem unida para fazer a minha oração, porque realmente não tenho outra possibilidade. E imagino, enquanto marcho, que estou protegendo o palácio do meu Deus, ou penso que cada passo da marcha é como um passo que me aproxima do céu, ou converso com o meu anjo da guarda para que não me abandone». Aquilo era autêntica oração contemplativa — em ritmo de marcha.

O que importa é que a impossibilidade de recolher-nos no lugar mais adequado se deva efetivamente a uma impossibilidade, não ao ativismo, à imprevisão ou à desordem. Custa a crer que, ao longo das vinte e quatro horas do dia, não consigamos arranjar uns minutos para passar por uma igreja ou isolar-nos num quarto da nossa casa. Mas, mesmo que isso aconteça, tenhamos em conta que *não* são lugares minimamente decorosos para falar com Deus a banheira ou o chuveiro, a cama, a garagem enquanto se esquenta o carro, ou a telenovela ao lado da esposa ou do marido ensonado. Deus merece mais que isso.

Uma palavra mais a propósito da posição do corpo. Várias delas ficam excluídas pelo que acabamos de ver sobre o lugar da oração. Mas qualquer posição é boa; mais ainda: os autores recomendam que seja uma posição relativamente cômoda, que não impeça o espírito de concentrar-se. Pode ser de joelhos, sobretudo diante do Sacrário, sentados num banco da igreja ou numa poltrona confortável em casa, de pé, andando — mas com calma! — pelo quarto ou por um jardim. Olhando para o sacrário ou de cabeça baixa. De mãos postas ou com os braços cruzados etc.

O horário

Dizem que a melhor maneira de que um colega não nos visite nunca é dizer-lhe: «Passe lá por casa a qualquer hora destas», sem fixar nenhuma data determinada. Com a oração mental acontece algo de parecido: quando, confiados numa suposta boa vontade, não fixamos o momento em que a faremos, o mais provável é que não a façamos nunca.

Dizer: «Eu rezo a toda a hora, e por isso não preciso determinar um momento fixo, porque seria pouco espontâneo», como fazem alguns, não passa de um subterfúgio. Bastem-nos, para compreendê-lo, umas palavras de Gandhi que, não sendo cristão, era um homem de fé: «Quando se aceita a existência de Deus, a necessidade da oração torna-se indiscutível. Não sejamos tão presunçosos a ponto de afirmar que toda a nossa vida é uma oração e que, portanto, é supérfluo reservar para ela determinados horários»[35]. Não caiamos nessa presunção tola e estabeleçamos um tempo diário — entre quinze minutos e meia hora — para dedicá-lo exclusivamente ao diálogo com Deus.

«Não fazemos oração quando temos tempo: reservamos um tempo para sermos do Senhor, com a firme determinação de, durante o caminho, não o tomarmos de volta enquanto caminhamos, quaisquer que sejam as provações e a aridez do encontro» (*Catecismo*, n. 2710). Este conselho do Catecismo incita-nos à decisão firme e irrevogável de fazer oração a qualquer custo. Não basta uma vontade boa, mas fraca, de buscar esse diálogo, porque facilmente omitiríamos essa prática de cristãos adultos, justificando-nos com «motivos prementes e imediatos».

Na medida do possível — e sempre é possível, quando queremos —, convém que fixemos o horário da oração para um momento que não seja o último do dia. Dizia um jovem fogoso, apoiado na sua experiência pessoal: «Quando deixo a minha oração para o fim do dia, tenho a impressão de só dar a Deus os *restos*». Oferecer a Deus o *filé mignon* do dia, e não os *restos*, é dar-lhe aqueles momentos em que a nossa cabeça está mais lúcida e ágil para o diálogo: para muitos, logo de manhã cedo, ou então a meio da tarde, ou pelo menos antes do jantar.

Casos reais como o daquele pai de quatro filhos que acordava às cinco da manhã para poder fazer meia hora de oração, porque em outro momento não poderia*; ou da jovem que estudava e trabalhava ao mesmo tempo, e por isso aproveitava parte do horário do almoço para tomar um livro e fazer quinze minutos de oração; ou do médico que considerava Jesus Cristo como se fosse um paciente e por isso lhe reservava o tempo de uma consulta..., não podem ser casos excepcionais. Devem ser o normal

---

(*) Vem-me à memória a sabedoria do «irmão da estrada» que ostentava no parachoque do seu caminhão: «Não buzine; acorde quinze minutos mais cedo». Parece mais lógico fazê-lo, e com maior motivo, quando se trata de não chegar atrasado ao encontro com Deus.

quando se tem fé e se deseja avivá-la cada vez mais.

O tema da nossa oração

Quando um músico se prepara para uma audição, a sua primeira tarefa é selecionar bem o repertório que vai tocar. Da mesma forma, a boa oração diária exige uma cuidadosa escolha do tema.

A primeira pergunta que nos ocorre quando pensamos no diálogo com Deus é: «Falar de quê?» A resposta, pelo menos de uma maneira geral, bem pode ser a que nos dá mons. Escrivá em *Caminho*: «De quê? DEle e de ti: alegrias, tristezas, êxitos e malogros, ambições nobres, preocupações diárias..., fraquezas! e ações de graças e pedidos; e Amor e desagravo...»[36]

Esse é, digamos assim, o pano de fundo da oração mental: falar com Deus dEle e de nós.

Falar com Deus dEle é discorrer sobre os dados da fé acerca da sua infinita sabedoria, formosura, bondade, misericórdia, reveladas na Criação, na Encarnação do Verbo, no dom da filiação divina, na ação do Espírito Santo, na constituição da Igreja, na ajuda decisiva dos Sacramentos. É um engolfar-se nas maravilhas do Deus Uno e Trino, do Deus invisível que se tornou visível em Jesus Cristo, oferecidas à contemplação e ao amor agradecido do homem.

Falar de nós não é problema. Quantas coisas não gostaríamos de poder contar a alguém, para nos aconselharmos, para compartilhar dores e triunfos ou simplesmente para que nos ouça. E é difícil achar neste mundo apressado e do «salve-se quem puder» alguém que queira escutar-nos com um mínimo de simpatia ou boa-vontade, mesmo que não nos diga nada. Com Deus não é assim. Para Ele, sempre seremos como o garotinho que conta ao pai as suas aventuras, que lhe pede coisas, que se lança nos seus braços. Todo o nosso pequeno mundo interessa a Deus Pai. Diz o *Catecismo* que «é justo e bom orar para que a vinda do Reino da justiça e da paz influencie a marcha da História; mas também é importante *fermentar pela oração a massa das humildes situações quotidianas*» (n. 2660).

E assim se estabelecem as bases do diálogo: é a busca — para dizê-lo de algum modo — do rosto e do coração de Deus, por parte de quem não esconde o seu rosto e o seu coração. Importa muito compreender bem este último aspecto.

«O tema da minha oração — escrevia São Josemaria Escrivá — é o tema da minha vida»[37]. Quer isto significar que não posso apresentar-me diante desse Deus *pessoal* de uma forma *impessoal*.

Deus não está à nossa espera para que escolhamos como tema de conversa o estado do tempo ou a guerra dos Cem Dias. Quer que façamos uma oração sem anonimato, sem trapaças, sem justificativas. Não pode a nossa oração ser como a daquele que foi confessar-se e, depois de um bom tempo, o sacerdote o interrompeu:

— Bem, até agora o senhor falou-me dos pecados da sua sogra. Agora fale-me dos seus.

Zaqueu, que se destaca da multidão sem rosto subindo a uma árvore para ver Jesus, a hemorroíssa que «fura» a multidão em tropel até tocar o manto de Jesus, o cego Bartimeu que faz sobressair a sua voz no meio do vozerio da multidão, até que Jesus o ouve, são figuras do Evangelho que nos fazem pensar na necessidade de apresentar-nos diante do Senhor tal e qual somos, só nós, com os nossos motivos pessoais de agradecimento e de arrependimento, com as nossas pessoais misérias e insuficiências, os nossos desejos de conversão, de santidade e de obras de serviço. A cada qual os sapatos lhe apertam de maneira diferente.

Mas não se trata só de calos e sapatos, nem principalmente. O nosso maior problema é que nos faltam virtudes, e a nossa única solução é que cresçamos em virtudes. Disto pouco se fala hoje em dia. Houve até quem pensasse que nos encontramos na «era pós-virtudes». As virtudes «já eram», como se diria popularmente. E, no entanto, se queremos construir em bases sólidas o nosso caminho para Deus, esse é e será sempre o tema mais importante da nossa oração: adquirir, fortalecer e expandir virtudes, pela via real e amável da imitação de Cristo.

Um ponto de apoio: o livro

Quantas são as verdades de fé que devem tornar-se palpitantes de vida em nós? Quantas são as virtudes de que carecemos? É um elenco sem fim. Não nos falta, pois, matéria para a nossa conversa com Deus. E à medida que formos adentrando na prática da oração, ganhando à-vontade e melhorando o conhecimento de Deus e, por contraste, o conhecimento das nossas lacunas, os temas irão afluindo aos borbotões. Ora, precisamente por esse tumultuar de assuntos e sentimentos, convém-nos muito proceder com ordem e serenidade.

Antes de mais nada, convém fixar diariamente um *tema central* para o nosso diálogo com Deus. Dessa forma, a conversa já tem, desde o início, uma razão de ser e um fio condutor. E se no meio nos distraímos, sabemos para onde voltar.

Neste sentido, à parte situações excepcionais — de uma grande alegria que agradecer, de uma dificuldade séria para a qual precisamos das luzes divinas, de um desgosto que nos deixa inconsoláveis etc. —, ajuda-nos muito apoiar-nos num livro cujas considerações nos levem a Deus.

«Jamais ousava começar a ter oração sem um livro; pois a minha alma temia tanto estar sem ele, como se fosse lutar com muita gente. Com este remédio, que era como uma companhia ou um escudo em que havia de aparar os golpes dos muitos pensamentos, andava consolada»[38]. Esta confissão simples de uma alma santa — ninguém menos que Santa Teresa de Ávila, Doutora da Igreja e mestra de oração — mostra-nos que mesmo os que alcançaram grandes alturas na oração mental utilizavam quase sempre um livro como apoio imprescindível.

A oração mental deve ser espontânea, natural, como qualquer diálogo, mas o costume de tomar um bom livro como auxílio não se contrapõe a essa espontaneidade, sobretudo se temos o cuidado de escolher previamente o capítulo ou a passagem que melhor podem refletir, encaminhar as nossas disposições e expressar as nossas dificuldades. Sem essa ajuda, é fácil que haja dispersão da mente, que nos percamos em divagações sem rumo e venha a enfraquecer-se a própria vontade de orar.

O livro é como a pauta de uma reunião. Não adianta apenas ler a pauta, porque para isso não seria necessária a reunião; mas, sem a pauta, a reunião torna-se dispersiva e só conduz à perda de tempo e às voltas intermináveis. Ler um livro não é propriamente oração pessoal, mas não tê-lo à mão — sobretudo nos dias em que a cabeça «não ajuda muito» — pode tornar estéreis os tempos de oração mental. «Meditando no que lê, o leitor apropria-se do conteúdo lido, confrontando-o consigo mesmo», diz o *Catecismo* (n. 2706).

Há muitos livros bons que foram compostos especificamente para auxiliar a oração mental. Citemos como exemplos a *Imitação de Cristo*, de Tomás de Kempis; *Caminho*, *Sulco* e *Forja*, de São Josemaria Escrivá; a *Intimidade divina*, de Gabriel de S. M. Madalena; *Falar com Deus*, de Francisco F. Carvajal. As necessidades momentâneas ou as carências de fundo, a experiência pessoal, os conselhos do diretor espiritual serão os indicadores válidos para determinarmos em cada dia qual o texto que nos pode levar com maior proveito à presença de Deus.

A maneira mais habitual de utilizar o livro é ler um trecho relativamente breve e a seguir deixar que a cabeça discorra, que o coração fale, dando voltas ao tema, aplicando-o à própria vida, tirando conclusões. Quando as ideias parecem ter-se esgotado, volta-se a tomá-lo, e assim sucessivamente, até concluir o tempo reservado para a oração mental.

Quanto à proporção entre o tempo de leitura do livro e o de colóquio com Deus, valha o conselho de São Pedro de Alcântara: «Concluída a preparação, segue-se a leitura do que se há de meditar na oração. Não deve ser apressada, mas atenta e sossegada: aplicando-se a ela não apenas a inteligência para entender o que se lê, mas ainda mais a vontade para saborear o que se vai conhecendo. E quando se achar alguma passagem devota, convém deter-se mais nela para melhor senti-la; procurando que não seja muito longa a leitura, que é de tanto maior proveito quanto rumina e penetra as coisas mais devagar e com mais afetos. Mas quando o coração estiver tão distraído que não possa entrar em oração, podemos deter-nos um pouco mais na leitura, ou unir a leitura com a meditação, lendo uma passagem e meditando-a, e depois outra da mesma maneira. Porque estando a inteligência presa desta forma à leitura, não tem tanto espaço para derramar-se por qualquer parte como quando está livre e solta»[39]*

(*) Como se depreende, de ordinário não se trata de ler muito; a leitura no tempo de oração serve como rampa de lançamento e, portanto, deve ser interrompida quando deparamos com um pensamento que nos fere e nos impele ao diálogo com Deus. Outra coisa é reservar noutro momento uns minutos diários à prática da «leitura espiritual», isto é, de um livro que exponha as verdades de fé, os princípios da vida espiritual e da aquisição das virtudes, que relate a vida de Cristo, da Santíssima Virgem ou dos santos. Esta leitura é um fator importante de progresso na prática da oração mental, porque vai sedimentando um depósito de ideias muito conveniente para facilitá-la. «O que semeares na leitura, isso colherás na oração», dizem os clássicos.

Não precisamos dizer que o melhor texto para a nossa oração é o Novo Testamento, especialmente o Evangelho. É falar com Deus *diretamente* dEle e daí extrair os melhores impulsos para seguir os passos divinos. A bem dizer, seja qual for o livro ou tema que escolhamos, nunca uma oração bem feita pode deixar de conter a evocação íntima e comovida de uma cena ou de umas palavras ou gestos de Cristo. «Senhor, Tu como és? Como foi que te comportaste naquela situação que era como a que tenho de enfrentar agora?» E transportamo-nos para a cena, intervindo como suas testemunhas ou mesmo protagonistas, e a nossa oração anima-se prodigiosamente.

Meditar, por exemplo, na mulher que derrama o bálsamo de nardo puro sobre a cabeça de Jesus Cristo pode ajudar-nos a pensar na generosidade que devemos ter com Deus. A parábola do filho pródigo pode ser o texto ideal para avivarmos a dor pelos nossos pecados. A cena do lava-pés não pode deixar de recordar-nos o dever amável de servir os homens, nossos irmãos, a começar pela família e pelos colegas de estudo ou trabalho. E assim por diante. Não existe situação *nenhuma* da nossa vida que não encontre na vida de Cristo o caminho para resolvê-la. «Esse documento respira», dizia um autor espiritual, referindo-se ao Evangelho.

Neste sentido, pode servir-nos de grande ajuda o *tempo litúrgico*, em que a Igreja fixa as linhas mestras para penetrarmos nos mistérios de Cristo e participarmos dos seus sentimentos e do seu plano redentor. Os tempos de Advento, Natal, Quaresma, Semana Santa e Páscoa são tempos vivos que nos oferecem abundantes temas de renovação pessoal.

O mesmo se pode dizer das leituras da Missa das festas mais importantes do calendário litúrgico: a Santíssima Trindade, o Espírito Santo (Pentecostes), o *Corpus Christi*, o Coração de Jesus, as festas de Nossa Senhora, dos Anjos da Guarda, de Todos os Santos etc.

Outros textos muito úteis para considerarmos na oração são as *orações vocais*. Não se trata de recitá-las durante a oração mental, mas de desbravar detidamente o seu conteúdo em conversa com Deus ou com Nossa Senhora. O Pai-nosso, o Credo, a Ave-Maria, meditados palavra por palavra, podem descobrir-nos riquezas que nos escapavam na mera recitação e assim ajudar-nos a rezá-los mais conscientemente. «Sempre que a minha alma está tão seca que me sinto incapaz do menor pensamento — dizia Santa Teresa de Lisieux —, digo um Pai-nosso ou uma Ave-Maria em voz muito baixa, e só essas orações me dão ânimo e alimentam a minha alma com o alimento divino»[40].

Muitas outras sugestões de textos poderiam somar-se a estas, mas, mais do que fazer uma enumeração exaustiva, o que interessa frisar é que, além dos Evangelhos — sempre inesgotáveis — nunca nos faltarão livros que nos despertem e concretizem a vontade de fazer oração, porque nunca acaba a tarefa de «conhecê-Lo e conhecer-te»[41], não como quem estuda um tratado de teologia ou faz uma introspecção psicológica, mas como tarefa do coração. Trata-se de nos vermos projetados em Deus, com sinceridade, não como nós nos vemos, mas tal como Deus nos vê.

Os propósitos

Numa cidadezinha do interior, em época de eleições, o candidato da região discursava do alto de um palanque enfeitado, prometendo inflamadamente mundos e fundos. Um caboclo que o ouvia atentamente comentou com o companheiro ao lado: «Ah se ele fosse tão bom de enxada como de falar!...» Os discursos bonitos, mas vazios, de pouco servem. Assim também no diálogo com Deus.

Normalmente, a nossa oração deve encerrar-se com propósitos de melhora pessoal. Se escolhemos bem o tema, se fomos aos pontos onde o sapato nos aperta, se nos vimos francamente no espelho de Deus, não deixaremos de perguntar: Senhor, como posso progredir nesta virtude que acabo de ver nas tuas palavras e nas tuas atitudes? Que devo fazer para evitar essa ocasião de pecado? De que maneira posso santificar-me no cumprimento do meu dever profissional, sem ambicionar outra recompensa que o teu sorriso? Que cuidados devo tomar para regressar a casa, ao fim do dia, bem-humorado e disposto a continuar a servir?

«A tua oração não pode ficar em meras palavras: deve ter realidades e consequências práticas»[42]. Fazer protestos de amor a Deus durante a oração, mas depois estudar ou trabalhar a meio-gás, mostrar-se rebelde com os pais, impaciente com a mulher, desarvorado com os filhos, não viver a justiça nos negócios, significaria que não se fez autêntica oração. Nesse caso, teriam de aplicar-se a nós as duras palavras que Cristo dirige aos hipócritas que dizem *Senhor!, Senhor!*, mas *não entrarão no reino dos céus* (cf. Mt 7, 21).

A oração não pode transformar-se numa justificativa para a falta de empenho no cumprimento do que Deus nos pede. Como contava aquela mãe que viu o seu filho rezando muito compenetrado e lhe perguntou de que estava falando com Deus. E o garoto respondeu-lhe:

— Estou pedindo para que Nova Iorque se torne a capital da Argentina, porque foi o que respondi na prova...

É preciso estudar com mais afinco e não querer que, pela oração, mudem milagrosamente as capitais dos países.

Um propósito pequeno, concreto e factível costuma ser o melhor fecho para a nossa oração. Não se deve ter vergonha de concluir o tempo de oração mental com a disposição firme de sorrir durante o que resta do dia, ou de trabalhar duas horas seguidas sem levantar-se, ou de dizer cinco Ave--Marias enquanto se vai pela rua... Não é a magnitude do propósito o que importa, mas a firmeza da nossa disposição de levá-lo à prática, como um sinal da sinceridade com que estivemos em conversa com Deus.

Outras vezes, no entanto, os propósitos serão de maior vulto e poderão exigir uma disposição heroica de mudança na própria vida. Quantos não se decidiram a dizer «sim» a uma entrega grande que Deus lhes pedia, depois de uma oração inesquecível! Quantos não abandonaram definitivamente uma ocasião de pecado que os escravizava, ou mudaram de atitude para com o cônjuge, impedindo uma ruptura que se afigurava inevitável... A oração é o grande meio e a grande ocasião de mudar radicalmente de vida.

Falando da sua ampla experiência pessoal, Santa Teresa dizia que «sempre saía consolada da oração *e com novas forças*»[43]. Firmeza para corrigir um filho, fortaleza para enfrentar uma humilhação no ambiente profissional, perseverança para não desistir de um difícil trabalho de apostolado: a oração sempre é o combustível que nos permite continuar caminhando rumo a Deus até o fim da vida.

Temos de compreender que não vale a pena fazermos oração mental se não estamos dispostos a sair dela *com umas disposições diferentes* daquelas que tínhamos ao começar.

O COMBATE DA ORAÇÃO

Por que «combate»?

Dizia uma mãe que procurava manter-se pedagogicamente atualizada:

— Que diferença entre as coisas bonitas que aprendo nas reuniões de pais, e o dia em que os meus filhos chegam a casa com o boletim da escola!...

As mais belas teorias podem ficar nisso, se não se prepara o espírito para as situações difíceis em que pode custar levá-las à prática. Os belíssimos ensinamentos sobre a oração que a Igreja e os santos nos transmitem não escapam a essa lei geral. Já São Paulo utiliza nas

suas cartas a expressão grega *ágoon* —
luta penosa — não apenas para referir-
-se às muitas peripécias por que passou
na sua atividade de Apóstolo, mas também à oração. Na Carta aos Romanos,
diz: *Rogo-vos, irmãos* [...]*, que luteis junto comigo nas orações que dirigis a Deus*
(Rm 15, 30).

A oração é tarefa amável, mas dura.
Ainda não estamos no céu, onde a união
com Deus será permanente e a principal
fonte de contentamento para os bem-
-aventurados. Nesta terra, devido às mar-
cas do pecado original e dos pecados pessoais em nós, a oração geralmente traz
consigo sacrifício. Não há dúvida de que é
mais convidativo assistir a um filme com a
família ou tomar uma cerveja com os amigos do que parar para buscar a companhia
de Deus na oração. Não devemos admirar-
-nos por isso, nem pensar que esse «custo»
signifique um desprezo a Deus, por achar

que assim o colocamos abaixo de um bem criado. É apenas uma amostra da nossa pobre condição nesta terra.

Ainda que intelectualmente esteja claríssima a superioridade de Deus sobre todas as coisas, nem sempre a nossa sensibilidade acompanha esse raciocínio. Convém tratar, portanto, de alguns dos obstáculos que se nos podem apresentar nesta arena de combate que é a oração.

Os obstáculos externos

O mundo em que vivemos não é propício à prática da oração. O *Catecismo* da Igreja, depois de mencionar diversos tipos de modernos sucedâneos ou caricaturas da verdadeira oração, que de per si já supõem uma adulteração do dom divino, alerta para uma série de perigos derivados da mentalidade imperante no nosso tempo (cf. n. 2727).

Considera em primeiro lugar a mentalidade *racionalista*, que só aceita o que é cientificamente demonstrável e, por conseguinte, não compreende a linguagem do louvor, da submissão filial e da petição humilde a um Deus para ela impalpável. Falar com Deus, no entanto, é o que há de mais racional e científico, ainda que não possa ser demonstrado matematicamente, porque, se a ciência busca os porquês, orar é ir aos porquês últimos do nosso ser, que se encontram no Criador. Por isso Galileu, Pascal, Newton, Pasteur, Edison e tantos outros pensadores e cientistas, que sempre fizeram questão de pautar-se pela razão nos seus trabalhos, foram ao mesmo tempo autênticas almas de oração.

Outro erro é o do *pragmatismo*, que julga haver valor apenas naquilo que é «produtivo» e «rendoso»; como a oração não entraria nessas categorias, ficaria descartada como inútil. Novo engano, porque, embora a oração não ofereça uma rentabilidade «econômica», dela derivam a objetividade e a tranquilidade necessárias para equilibrar a vida e para alcançar a salvação eterna, que é a única «utilidade» que justifica e dá sentido a todas as utilidades desta vida.

Muito difundidos estão ainda o *sensualismo* e o *conforto*, que se arvoram em «critérios do verdadeiro, do belo e do bom» (*Catecismo*, n. 2727) e balizam a vida apenas pelo que afaga os sentidos. Cumpre-se nessas pessoas aquilo que dizia São João da Cruz a respeito das almas que «não têm o paladar sadio», e que por isso «não podem saborear o espírito e a vida»; nas palavras com que Deus nos fala, «só acham insipidez»[44]. É verdade que a oração nem sempre provoca sentimentos e satisfação imediata — nem é isso o que se deve procurar —, mas, como amor que é à suprema Beleza, traz sempre como resultado a felicidade que todo o ser humano busca necessariamente. Orar — diz o *Catecismo* — é «deixar-se encantar pela glória do Deus vivo e verdadeiro» (cf. ns. 2558, 2583 e 2727). Os santos de elevadíssima oração testemunham que o maior prazer possível nesta vida é o encontro profundo com Deus.

Outro erro moderno, inspirado no movimento dessacralizador que tomou conta há mais de duas décadas de certos meios eclesiásticos, considera a oração como uma fuga do mundo, como uma omissão na solução direta dos problemas sociais. Esse engano prende-se ao estereótipo da pessoa mergulhada no templo e alheia ou indiferente às violações dos direitos humanos. A experiência mostra, pelo contrário, que a autêntica alma de oração tem uma sensibilidade muito mais apurada para as injustiças e as carências do ser humano, espirituais e materiais, e para as soluções requeridas pelos problemas do mundo. Em todos os tempos, os maiores revolucionários foram os santos. Quantas transformações sociais e no campo da civilização não trouxeram as ordens de São Domingos e São Francisco? Quem tinha uma visão mais realista da sua época histórica do que a mística Santa Catarina de Sena? A oração é comunhão com Deus, e por isso «não é uma saída da história nem um divórcio da vida» (*Catecismo*, n. 2727).

Por último, um grande obstáculo à prática da oração é o *frenesi da vida*. Quando uma pessoa vem da rua, banhada por um sol radiante, e entra em casa, num ambiente sombreado, não enxerga quase nada. Tem então que esperar até que as pupilas se adaptem à nova intensidade de luz, para ver normalmente. Se deixamos que o nosso coração seja inteiramente dominado pela luz ofuscante das ocupações e preocupações diárias, não enxergaremos quase nada ao acolher-nos à «sombra» da oração.

É o perigo do *ativismo*, especialmente premente na vida moderna e nas grandes aglomerações urbanas. Há muito que fazer para sobreviver na batalha da vida. Se não nos precavemos, o nosso coração fica repleto apenas dessas coisas e o diálogo com Deus torna-se difícil, assim como seria difícil ter uma conversa filosófica se a casa estivesse pegando fogo. Por estarmos afogados nas coisas «urgentes», deixamos de lado as «importantes».

Não pensava assim São Vicente de Paulo que, sendo homem de ação intensa em favor dos mais necessitados, dedicava quatro horas diárias à oração!... Diante desse exemplo e de tantos outros, quem será capaz de afirmar que não dispõe de pelo menos quinze minutos diários?

Os obstáculos internos

A FALTA DE HÁBITO

Quando se recebe a visita de alguém que não se conhece ou com quem se teve muito pouco contacto, o diálogo é difícil. Custa quebrar a atitude cerimoniosa, faltam pontos em comum, a conversa é entrecortada por longos silêncios, os assuntos vão-se apagando e morrem numa frase sem graça... Só com o passar do tempo e com a intimidade é que haverá desenvoltura e gosto nesse *tête-à-tête*.

Muitos resistem à ideia de entrar pelo caminho da oração porque acham que se sentirão pouco à vontade com Deus. Não imaginam de que poderão falar, parece-lhes que os assuntos serão tolos e sem interesse, que lhes será difícil manter a conversa por um tempo mais ou menos longo. Parece-lhes que haverá muito mais silêncio do que diálogo nesses primeiros tempos de aproximação.

E assim acontece realmente. É preciso ter um pouco de paciência até deixar de sentir-se «visita» ao adentrar na «sala de estar» de Deus, até que se possa sentir a naturalidade de quem «está em casa». Só com um pouco de tempo — não muito — é que se vai ganhando essa boa familiaridade com Deus. A partir de então, o diálogo torna-se enriquecedor e produtivo.

Nessa fase de aproximação, alguns esbarram com a seguinte questão: «Mas sou só eu que falo! Deus não me diz nada»... Com o tempo perceberão, no entanto, que «Deus fala». Ele não está preso apenas às palavras humanas nem tem por que comunicar-se de forma sobrenatural — por visões, por exemplo —, como se deu na vida de alguns santos. Fala-nos através da nossa consciência: «Nessa discussão, você não tem razão nenhuma», «Deixe de lado essa moleza e ponha mãos à obra»... Fala-nos, como vimos, por um texto do Evangelho, escrito há dois mil anos, mas que naquele momento estava ali única e exclusivamente para mim: «Vai e não peques mais», «Eu vos farei pescadores de homens», «Estes são a minha mãe e os meus irmãos»... Fala-nos através de outras pessoas: «É verdade, a minha esposa tem-me dito que ando meio ranzinza ultimamente»... E por tantos meios mais.

Tarefa inútil é tentar ficar distinguindo o que é «da minha cabeça» e o que é «de Deus» na nossa oração. Sejamos mais simples e procuremos entabular esse diálogo com espontaneidade. Deus encarregar-se-á de nos fazer saber o que quer de nós, sem necessidade de que conste por baixo uma etiqueta que diga: *made in Heaven*.

Se perseverarmos um dia e outro, a oração fluirá.

Distrações

A distração é um desvio da atenção. É como se nos enganássemos de estrada: ao invés de chegar à praia, vamos parar nas faldas de uma montanha. Os caminhos do nosso pensamento estão repletos de variantes, atalhos e cruzamentos, e é fácil que uma ideia que ia por bom caminho enverede por um atalho equivocado e acabe em algum beco sem saída ou num atoleiro qualquer.

Com que facilidade nos surpreendemos, na oração, percorrendo caminhos absolutamente alheios àqueles que queríamos empreender no nosso diálogo com Deus! Recordações tristes do passado, imagens retidas na memória que voltam a apresentar-se inesperadamente, assuntos sem importância que nos cruzam pela cabeça e tantas coisas mais, são motivo de desvio do caminho da oração e de desassossego para quem deseja ter um trato íntimo com Deus.

Seria interessante se houvesse um «*walkman* ao contrário», que pudesse «gravar» os pensamentos de uma pessoa distraída durante a sua oração mental: veríamos como o seu olhar passa do crucifixo para o sapato, e daí a sua mente se desvia para a necessidade de engraxá-lo, e depois para o preço da graxa, o salário baixo, a raiva contra o chefe, a compra de um revólver, e assim por diante...

Que atitude se deve ter com relação às distrações? Será que convém uma repulsa total e radical, um empenho por desarraigar todas e cada uma das distrações? A resposta é um claro e rotundo «não». O *Catecismo* da Igreja diz-nos sabiamente que «partir à caça das distrações seria cair nas suas armadilhas» (n. 2729). A pessoa que estivesse pensando durante a sua oração: «Não posso distrair-me, não posso distrair-me, não posso distrair-me...», já estaria distraída.

A única maneira de corrigir essa fraqueza é perseverar na própria oração, reconduzindo uma e outra vez o pensamento ao caminho correto: «basta regressar ao nosso coração» (*ibid.*), com paz, sem desânimo nem amargura, retomando a leitura do texto que se escolheu ou do tema em que se vinha meditando. Com um esforço perseverante, pode-se chegar a um domínio surpreendente (embora sempre imperfeito) sobre a tendência à dispersão.

Bastante proveitosa é a sugestão de São Josemaria Escrivá, que propõe que se façam «circular» as ideias inoportunas, como se se fosse um guarda de trânsito[45]. Aquela ideia frívola lida no jornal, que espere um pouco; já a lembrança da próxima operação da minha tia tem passagem livre durante alguns instantes, para que eu peça pela sua saúde; quanto à musiquinha que fica rodando na memória, é bloqueada pelo farol vermelho... Desta forma, o tráfego mental fica mais controlado, e as ideias da oração fluem com outra continuidade.

Também se deve ter presente o que dizia Santa Joana de Chantal: «Quando as distrações persistem, apesar de as repelirmos, é preciso que nos dediquemos a uma *oração de paciência*»[46]. Se fizemos o melhor que podíamos para nos prepararmos, remota e proximamente, se fomos cuidadosos em fixar o tema principal da nossa conversa com Deus, o simples fato de estarmos combatendo uma distração após outra, ou uma ideia insistente, já denota a paciência e a boa vontade da oração sincera e meritória. Além disso, não nos esqueçamos de que *o Espírito Santo ora em nós* (Rm 8, 26), e esta realidade, além de nos levar a esforçar-nos por evitar as distrações, tranquiliza-nos muito. O Espírito Santo não se distrai.

A solução de fundo para as distrações não está tanto em combater as suas manifestações isoladas, como em crescer no amor a Deus. Usando uma comparação simples, dizia o Cura d'Ars: «As moscas afastam-se da água que está fervendo; só caem na água fria ou morna»[47]. Quando uma alma ferve no amor de Deus, a oração repele os assuntos inoportunos como algo que estorva o diálogo enamorado.

O que nos deve preocupar, pois, não são tanto *as distrações* como *o estado de distração*, para o qual contribuem muito mais a dissipação em que deixamos vagar habitualmente os nossos sentidos e essa série de pequenos e grandes apegamentos cujas malhas prendem o nosso coração. «Com quem estou, quando não estou com Deus?»[48]

Aliás, esses desvios de atenção, quando repetidos na mesma direção, podem constituir uma graça, sim. Diz-nos o *Catecismo*: «Uma distração revela-nos aquilo a que estamos apegados e essa humilde tomada de consciência diante do Senhor deve suscitar o nosso amor preferencial por Ele, levando-nos a oferecer--lhe resolutamente o coração, para que Ele o purifique. É aí que se situa o combate: a escolha do Senhor a quem servir» (n. 2729).

Para assegurarmos uma luta eficaz contra as distrações, façamos nossa esta belíssima oração de São Josemaria Escrivá: «Jesus, que as minhas distrações sejam distrações ao contrário: em vez de me lembrar do mundo quando tratar

Contigo, que me lembre de Ti ao tratar das coisas do mundo»[49].

CANSAÇO

Tanto o cansaço físico como o mental constituem um empecilho para a oração.

Ao chegar o fim do dia, pode ser difícil encontrar a ocasião e ter um mínimo de disposição para o diálogo com Deus. Vem-nos a ideia de que será uma tarefa inútil. Surgem na mente outras coisas mais «leves» em que entreter-nos, como ligar a televisão, folhear uma revista ou ouvir música. Por essa cilada tão corriqueira, podemos, com o passar do tempo, ir-nos afastando gradualmente de Deus, até cair na mais lamentável acomodação espiritual.

É necessário, então, reagir. Por vezes, basta simplesmente reservar um horário melhor para o tempo de oração: antes de sair para a Faculdade ou para o trabalho, ou depois de deixar as crianças na escola; no caso de uma dona de casa, a meio da manhã, quando as tarefas domésticas serenam um pouco; após o almoço, no escritório ou em casa; ou mesmo já caída a noite, no caminho de regresso ao lar, passando por uma igreja. O que se deve evitar é deixar a oração para depois do jantar, quando os familiares querem e têm todo o direito à nossa companhia, ou se recebem convidados ou se vai jantar fora, e nunca se sabe a que horas se volta. Para os momentos anteriores ao sono, o mais próprio é recolher-se para um breve exame de consciência do dia, dar graças e fazer um sincero ato de contrição, seguido de um pequeno propósito de emenda, e confiar a Deus as nossas horas de repouso.

Isto não quer dizer que não haja situações em que não seja necessário encarar o cansaço de frente, até mesmo porque há quem já acorde cansado, normalmente por culpa sua em não se deitar a horas. É preciso então pedir ajuda ao Anjo da Guarda para que nos auxilie a manter a cabeça concentrada, ou ler um texto de oração mais fácil para que as ideias fluam com mais prontidão, ou olhar fixamente para o Sacrário ou para um crucifixo, repetindo atos de adoração e de agradecimento, de desagravo e de petição, pois a cabeça parece que não consegue fazer mais do que isso — e não é pouco, para não dizer que é o mais importante.

Mas são muitas as ocasiões em que a própria oração é o melhor meio de descansar. Porque o nosso cansaço geralmente não é o simples cansaço físico, mas provém dos problemas, das dificuldades da vida, das preocupações que nos desgastam. Aproximar-se então de Deus pode ser a melhor maneira de encontrar alívio e de recuperar a serenidade e o bom humor. À luz da lamparina do Sacrário, sob o olhar de Cristo crucificado ou o sorriso de Nossa Senhora, encaramos com mais clareza a causa dos nossos problemas, sopesamos com mais objetividade o valor relativo de tantas das nossas dificuldades, descobrimos que temos em Deus um aliado pelo menos tão empenhado como nós em ver resolvidas as questões que nos preocupam, e... abandonamos tranquilamente nas suas mãos aquelas coisas que nos parecem «insolúveis». Deus tem muitas «graças de descanso» reservadas aos que se aproximam dEle com perseverança e com confiança*.

(*) No tempo de oração, não se trata, pois, de ir em busca de soluções *materiais* para os nossos problemas. Não é o momento de ver a melhor maneira de encontrar emprego, de resolver um problema financeiro da empresa ou de descobrir a quadratura do

FALTA DE DIÁLOGO

Vimos atrás que a oração mental não é o mesmo que meditação, embora vulgarmente se considerem sinônimas uma da outra. A confusão procede de que, geralmente, a meditação é o ponto de partida e o auxiliar habitual — sobretudo nos começos, mas não só — para se chegar ao colóquio com Deus sem que o espírito se disperse. Como diz o *Catecismo*, toma-se «a Sagrada Escritura, principalmente o Evangelho, os santos

---

círculo. As graças que se devem pedir e que se recebem na oração são luzes e forças divinas para praticar as *virtudes pessoais* que essas questões exigem para serem encaradas de cabeça fria: mais fé, mais serenidade, mais ponderação, mais coragem, mais humildade e compreensão, mais empenho e sacrifício, mais espírito desprendido. Portanto, é preciso evitar a consideração dos problemas em si, que devem ser pensados e equacionados fora desse tempo, armados, isso sim, das necessárias disposições e energias interiores bebidas e fortalecidas na oração.

ícones (as imagens), os textos litúrgicos do dia ou do tempo, os escritos dos Padres espirituais, as obras de espiritualidade, o grande livro da Criação e o da história — a página do "hoje" de Deus» (n. 2705). E depois reflete-se sobre o que se lê e confronta-se com a realidade própria, isto é, com «outro livro aberto: o da vida. Passa-se dos pensamentos à realidade» (n. 2706). Mas, na oração mental, todo esse trabalho tem por finalidade levar o espírito ao contacto pessoal com Deus, à união com Ele pela submissão amorosa aos seus desígnios: «Senhor, que queres de mim?» Não haverá oração de verdade onde não se passar da meditação para esse diálogo, que é o elemento distintivo de todo o relacionamento.

Ora, já vimos também atrás que, para chegar a isso, não existe problema algum por parte de Deus: Ele recebe-nos a qualquer hora, escuta-nos sempre e fala-nos claramente, não por palavras sonantes, mas pela voz da nossa consciência e pelas inspirações que nos dá. O problema não está, portanto, em que Deus seja mudo; está em que nós podemos ser mudos e surdos.

Não pode haver diálogo, antes de mais nada, se fugimos de tratar com Deus das questões que realmente nos afetam, quer por achar que «isso não resolveria nada», o que seria uma clara falta de fé, ou porque simplesmente escondemos de Deus o nosso verdadeiro rosto e nos justificamos, como Adão e Eva no Paraíso. Temos de quebrar esse jogo de mutismos bobos que, aos olhos de Deus, são ridículos, porque Ele sabe perfeitamente o que se passa no íntimo do nosso coração e como há de ajudar-nos.

Também não existe possibilidade de diálogo com Deus quando de antemão não queremos ouvi-lo, porque sabemos que nos pediria uma *mudança* que não estamos dispostos a enfrentar. Tapar os ouvidos para não tomar consciência do que Deus nos pode pedir na oração parece uma atitude absurda, e no entanto não o é. Vale a pena ver se nós mesmos não caímos nessa surdez a respeito de algumas atitudes básicas que *receamos* que Deus nos peça.

Não se trata apenas de estarmos em pecado grave e não querermos sair dele; com a graça e a misericórdia divinas, precisamente a oração — como vimos — pode suscitar em nós um arrependimento sincero e a vontade de recorrer sem demora à confissão sacramental. O que mais frequentemente pode ser causa da relutância em iniciar ou perseverar na prática da oração são as faltas leves, mas habitualmente consentidas: descuidos grosseiros na guarda dos sentidos, que embora não cortem o estado de graça, emporcalham a alma; desleixos constantes no cumprimento do dever: adiamentos e desistências na execução, desrespeito aos prazos combinados, coisas a meio-fazer, mau acabamento; intemperança no falar e no comportar--se, seja em casa, seja no trabalho: pensamentos ou críticas injustas, alfinetadas, ressentimentos, juízos temerários, impaciências etc. A lista seria interminável. E tudo isso, se não estamos dispostos a lutar seriamente, dificulta o diálogo com Deus e acaba por levar-nos a tergiversar na conversa com Ele. Repete-se então o episódio do encontro da Samaritana com Cristo sedento à beira do poço. A mulher tergiversa e entra em divagações «teológicas» acerca do verdadeiro Deus quando vê que o Messias a vai rondando até desmascarar a situação irregular em que vive. No nosso caso, até levar-nos a ver a insensibilidade com que encaramos as falhas do nosso modo de ser e nas atitudes.

Que devemos fazer? Desistir da oração? Não, que seria dureza de coração e covardia. Quebrar as barreiras do mutismo ou da surdez, lutar por romper o apego aos nossos defeitos, para ter os ouvidos ansiosos por ouvir Deus sussurrar-nos palavras de pureza e abnegação, de alento e de paz.

ARIDEZ

Sob um mesmo nome — aridez — abrigam-se dois conceitos diferentes. Há uma aridez que faz parte da oração, já que não é possível ter sempre um diálogo que satisfaça os nossos desejos de grandes sentimentos. Mas há uma aridez que provém da falta de raiz, do descuido ou do esfriamento do nosso amor a Deus (cf. *Catecismo*, n. 2731).

Não devemos andar em busca de consolos sensíveis na oração: afetos inflamados de amor, lágrimas de emoção, «sentir» a presença de Deus, «tocar» o amor de Deus por nós... Buscar essas sensações seria buscarmo-nos a nós próprios, o que, como já vimos, destrói a oração na sua própria raiz.

Devemos almejar, isso sim, e com exclusividade, que se cumpra em nós a Vontade divina, como Cristo o fez nas penosas horas de oração no Horto das Oliveiras ou Nossa Senhora na silenciosa perseverança ao pé da Cruz*. Quando se capta esta ideia essencial, resolvem-se todas as preocupações com a aridez ou a falta de gosto. Às vezes, Deus concede

---

(*) Para fazer oração sobre este tema, é muito útil meditar as considerações que se oferecem no livro *Via Sacra*, de Josemaria Escrivá, Quadrante, São Paulo, 2022.

alegrias e satisfações sensíveis no diálogo com Ele, e às vezes não. Só a Ele cabe dispor a frequência com que nos encontraremos num estado ou noutro; a nós só nos compete aceitar amorosamente as disposições divinas.

No início da vida cristã, é frequente que o Senhor prodigalize mais esse tipo de sentimentos, para firmar a alma no desejo de maior progresso espiritual, como um pai firma os bons desejos de uma criança oferecendo-lhe um doce como prêmio pelo seu esforço. Mas, à medida que vamos «crescendo espiritualmente», o normal é que Ele retire essas ajudas para que nos movamos exclusivamente por *amor* e não por interesse. Ao contrário, portanto, do que pensam alguns, os sentimentos vivos na oração não são necessariamente sinal de uma vida espiritual desenvolvida e madura.

Por outro lado, a secura de alma pode dar-se em almas muito santas. Valha-nos o testemunho de Santa Teresa: «Durante alguns anos, muitíssimas vezes, mais me ocupava em desejar que terminasse o tempo que fixara para ter oração e em escutar se o relógio dava as horas, do que em outras coisas boas; e fartas vezes não sei que penitência grave se me apresentaria que eu não a acometesse de melhor vontade do que recolher-me a orar mentalmente»[50]. Ou ainda a experiência do converso e já idoso Cardeal Newman: «Com o passar dos anos, tenho uma vida interior e uma devoção menos sensíveis»[51]. Ou a de São Josemaria Escrivá, na sua vontade inabalável de permanecer diante do Sacrário «como um cachorrinho aos pés do seu amo, durante todo o tempo fixado de antemão. Senhor, aqui estou! E custa-me. Ir-me-ia embora por aí, mas continuo aqui, por amor, porque sei que me estás vendo, que me estás escutando, que me estás sorrindo»[52].

Quando essa falta de sentimentos é algo permitido por Deus, o mérito da oração está precisamente em não deixá-la de lado nem reduzir o seu tempo por esse motivo, por mais que nos pareça que estamos perdendo o tempo ou que as ideias que nos ocorrem não conduzem a nada.

Mas é preciso distinguir essa aridez, que é uma prova divina, da *atitude desleixada*, que denota má vontade por parte da alma, falta de interesse em falar com o Senhor, falta de preparação interior, falta de generosidade em dominar a imaginação... Esta falsa aridez pede-nos uma maior determinação e generosidade, a decisão resoluta de dedicarmos a Deus as nossas melhores forças. Diz-nos o *Catecismo* da Igreja que «a meditação é sobretudo busca» (n. 2705), e o mesmo se pode dizer da oração mental; mas toda a busca exige o esforço empenhado de «ir atrás» daquilo que se está procurando, até encontrá-lo.

Temos de pôr em jogo todos os nossos sentidos e potências, usar de todos os recursos de que dispomos: a inteligência, para pensar; a vontade, para querer; a memória, para ter presente a realidade da nossa vida; a imaginação, para «encarnar» as cenas da vida de Cristo que nos servem de modelo; o coração, para «aquecer» com o nosso afeto aquilo que dizemos ao Senhor. Há orações que padecem da *falta do esforço de pensar*, porque não se adquiriu o hábito de meditar a sério nas grandes perguntas da vida, nas ideias-mestras que devem servir de alicerce às nossas decisões; como há orações que padecem de uma *vontade fraca e indolente*, que foge de tudo aquilo que custa; ou orações excessivamente *teóricas e desligadas* da realidade vital, porque não se quer fazer uso dos dados da consciência, da memória passada e recente; ou ainda orações demasiado *abstratas*, que mais parecem um estudo de trigonometria, porque não se regam as ideias com afetos.

Desânimo

O nosso ânimo está sujeito a muitas variações, também no que diz respeito à prática da oração. Certamente influem na nossa disposição de orar as circunstâncias externas: uma má notícia, uma injustiça que nos fazem no exercício da profissão, uma crise doméstica... Mas o pior desânimo é o que sentimos diante de nós mesmos, ao vermos reaparecerem continuamente os erros e defeitos de sempre, ao percebermos que progredimos tão pouco na vida cristã, parecendo que vamos para trás ao invés de caminhar com passo firme para Deus.

Essas nuvens negras que encobrem o coração dificultam que olhemos para o céu e vejamos o sol que brilha acima delas. Custa muito ao coração desanimado recorrer uma vez mais a Deus. Dá a impressão de que não serviria de nada, e que o recurso a Ele só somaria uma frustração mais às tantas que já colecionamos. E o que, sobretudo, nos pode desanimar, dentro deste panorama, são os nossos pecados.

A essas ocasiões aplicam-se maravilhosamente aquelas palavras de São Josemaria Escrivá: «Procura a união com Deus e enche-te de esperança — virtude segura! —, porque Jesus te iluminará com as luzes da sua misericórdia, mesmo na noite mais escura»[53]. Deus é a luz que nos reanima, superando a escuridão das nossas dificuldades e faltas. Deixar de lado a oração por causa do desânimo seria como deixar de ir à fonte por causa da sede. Se, mesmo fazendo oração, tenho fraquezas, o que seria de mim se a abandonasse? É justamente nela que encontraremos o estímulo de fundo para enfrentar as dificuldades com otimismo e a virtude teologal da esperança.

OS FRUTOS DA ORAÇÃO

Os benefícios

«O que é que eu ganho com isso?», é a pergunta que faz o motorista quando é obrigado a usar o cinto de segurança; ou o adolescente, quando o dentista lhe impõe o uso do fio dental; ou o estudante que deve memorizar a geografia dos países asiáticos... É o problema daquilo a que modernamente se vem chamando a «relação custo-benefício». Se algo tem um custo, espera-se que os bens provenientes compensem esse custo.

Perante a possibilidade de fazer oração mental, é natural que nos perguntemos exatamente o mesmo: «O que é que eu ganho com isso?» E deve haver respostas satisfatórias que justifiquem o esforço que essa prática nos pede.

Além de tudo aquilo que já fomos vendo ao longo destas páginas, podemos acrescentar que o objetivo que se busca não é que nos tornemos «místicos» — no sentido de pessoas que flutuam por cima das realidades terrenas —, mas *mais combativos*. Ao invés de desligar-nos das realidades terrenas, a oração bem feita aviva a capacidade de resolver os problemas da vida.

Não sabemos se a oração nos vai fazer ganhar mais dinheiro. Não sabemos se nos ajudará a ter menos doenças. Não há nenhuma garantia de que elimine os problemas familiares que nos vêm atormentando. Mas podemos estar certos de que teremos o auxílio divino em todas essas coisas e, por isso, enfrentaremos *de forma diferente* qualquer problema.

Pessoas que sempre foram desorganizadas nas suas coisas e nos seus horários, depois de se habituarem a fazer oração, vão melhorando gradualmente na *virtude* da ordem até níveis que nunca haviam atingido só por técnicas humanas. Outros, que tinham uma vontade fraca e inconstante, chegam a ganhar a *virtude* da fortaleza e já não lhes custa suores frios tomar atitudes enérgicas e resolutas. Pessoas tímidas e acanhadas adquirem a *virtude* da humildade, que as leva a não preocupar-se tanto com a própria imagem, a não querer atribuir sempre a culpa aos outros e a empenhar-se magnanimamente em ideais de serviço. E tantas virtudes mais. Essa é a palavra-chave, como víamos, para exprimir a eficácia da oração: *virtudes*, ou, para sermos mais exatos, a graça de Deus de que precisamos para adquirir virtudes. É esse o ganho insubstituível que Deus concede aos que enveredam e persistem nesse caminho.

O que é que eu ganho com a oração? Ganho a maravilhosa oportunidade de expor os meus problemas ao próprio Deus e dEle receber os auxílios que me levarão a encontrar as soluções.

O que é que eu ganho com a oração? Ganho um sentido para a minha vida em cada uma das suas «partes»: trabalho, família, descanso etc. Porque só quando nos encaramos pessoalmente com Deus na fé é que descobrimos por que estamos neste mundo e encontramos, assim, a perspectiva correta para encaixar umas nas outras as «partes» que compõem o quebra-cabeças da nossa vida. Só então os grandes eventos e os pequenos incidentes passam a ter uma razão de ser e a não entrar em conflito uns com os outros. E só então a vida deixa de ser um enorme absurdo.

O que é que eu ganho com a oração? Ganho o próprio Deus, a sua amizade, a união com Ele, as suas luzes e as suas forças. E Deus é tudo.

Presença de Deus

Quando duas pessoas se amam, querem estar juntas o maior tempo possível. Não se consideram satisfeitas por terem passado apenas alguns instantes conversando: quereriam mais, quereriam estar sempre assim.

Fruto principalíssimo da oração é avivar esse desejo. É natural, portanto, que não baste apenas o tempo da oração mental diária para satisfazê-lo. A oração bem feita leva a extravasá-la para o resto do dia.

À parte os relatos em que vemos que o Senhor se recolhia em oração, às vezes retirando-se a um monte, o Novo

Testamento não alude em parte nenhuma à oração da manhã e da noite, mas fala em toda a parte da oração contínua. *Orai sem cessar* (1 Ts 5, 17); *É preciso orar a todo o momento* (Lc 18, 1); *Que os homens orem em todo o lugar* (1 Tm 2, 8), e tantas outras passagens bem conhecidas.

Isso é o que acontece aos que dedicam diariamente um tempo fixo à oração mental: toda a sua vida se vai transformando em oração. Todas as tarefas e ocupações do dia não só não os impedem como os impelem a buscar o rosto de Deus, num breve encontro interior que renova e prolonga os afetos e as decisões. Como dizia o Papa João Paulo II, deixa de haver «duas vidas paralelas: por um lado, a vida chamada *espiritual*, com seus valores e exigências, e, por outro, a chamada vida *secular*, ou seja, a vida da família, do trabalho, das relações sociais, do empenho político e da cultura»[54]. E assim se chega a uma sólida unidade de vida, que assegura uma profunda coerência no meio de todos os afazeres. Essa é a espiritualidade dos simples cristãos.

Numa reunião numerosa, contava São Josemaria Escrivá — não com estas palavras — a história verídica de um motorista de caminhão que deu carona a um senhor que lhe acenava junto à estrada. Este perguntou ao motorista se estava sozinho e se poderia levá-lo. O motorista hesitou um pouco e depois disse:

— Sim..., estou sozinho, posso levá-lo.

Depois de subir ao caminhão e de terem percorrido já uma certa distância, o homem perguntou ao motorista por que hesitara ao dizer-lhe que estava sozinho, já que era evidente que não havia mais ninguém no caminhão.

— É que... eu nunca estou sozinho — respondeu o motorista —. Sei que Deus vai sempre comigo, que mora no meu coração e que posso conversar com Ele enquanto viajo.

O outro ficou com a cara transtornada, entrou num profundo silêncio e a seguir disse:

— Pare, pare, por favor. Quero descer...

— Que aconteceu?

— Nada. É que sou o pároco da aldeia que deixamos para trás, e estava abandonando a paróquia e o meu sacerdócio...

Deus serviu-se da vivência daquele homem simples para tocar o coração de um sacerdote de mãos ungidas que certamente tinha deixado de orar.

Nós temos a alegria de saber que nunca nos separamos de Deus e que, por essa vida de união, protegemos a nossa fidelidade e, muitas vezes, a fidelidade dos outros.

Os tempos fixos de meditação são, pois, o grande ponto de partida e o meio para transformarmos todo o nosso dia em oração, num alegre abraço de amor. O *retrato da nossa vida espiritual* é a nossa oração mental. Oração superficial? Vida cristã rala. Oração apressada? Vida espiritual descuidada. Oração repetitiva? Vida interior rotineira. Oração sonolenta, vida de relação com Deus amodorrada... Só com uma oração mental viva, é que a vida será oração.

É na oração mental que se reúne o combustível do espírito. Por isso, «se se abandona a oração, primeiro vive-se das reservas espirituais..., e depois, da trapaça»[55]. As reservas podem durar algum tempo, mas chega o momento da «trapaça», quando a vida só é cristã no nome, não nos atos. Sem tirar os pés do chão, com absoluta naturalidade, temos de ser homens que, de tanto olhar para o céu, criam asas; e não homens que, de tanto olhar para a terra, criam patas.

São Lucas retrata perfeitamente a atitude de Nossa Senhora quando, perante os acontecimentos que se vão dando na sua vida e na de Jesus, diz que Ela *conservava todas estas coisas, considerando-as no seu coração* (Lc 2, 19). Maria fazia oração com os acontecimentos da vida e transformava toda a sua vida em oração. Dela aprendemos o modo de conservar o silêncio interior, a atitude de constante orientação para Deus em todas as nossas obras. «Maria é a orante perfeita» (*Catecismo*, n. 2679).

NOTAS

(1) Santa Teresa, cit. em J. Daujat, *Viver o cristianismo*, Aster, Lisboa, pág. 63; (2) Santo Afonso Maria de Ligório, citado em B. Baur, *A vida espiritual*, 2ª ed., Prumo, Lisboa, 1985, págs. 138-9; (3) Josemaria Escrivá, *Amigos de Deus*, Quadrante, São Paulo, 1979, n. 238; (4) cf. Josemaria Escrivá, *Forja*, Quadrante, São Paulo, 1987, n. 1003; (5) São Tomás de Aquino, cit. em Santo Afonso M. de Ligório, *A oração*, I, 8; (6) Santo Cura d'Ars, cit. em *Liturgia das horas. Ofício de leituras*, Paulus, pág. 1494; (7) Santa Teresa de Lisieux, *Ms. autobiogr.*, C25r; (8) Santo Afonso Maria de Ligório, *Como conversar contínua e familiarmente com Deus*, em *Obras ascéticas*, BAC, vol. I, págs. 316--7; (9) *Forja*, n. 76; (10) cit. em Cardeal Newman, *Apologia pro vita sua*, Paulus, São Paulo, 1964, pág. 53; (11) São João Damasceno, *De fide orthodoxa*, 3, 24; PG 94, 1089D; (12) Josemaria Escrivá, *Caminho*, 8ª ed., Quadrante, São Paulo, 1995, n. 90; (13) *Amigos de Deus*, n. 243; (14) *Caminho*, n. 85; (15) Santa Teresa, *Vida*, 8, 2; (16) cit. em J. Daujat, *Viver o cristianismo*, pág. 86; (17) João Paulo II, *Homilia em Ávila*, 1-XI-1982; (18) Tatjana Goritschewa, *Von Gott zu*

reden ist gefährlich, Herder, Freiburg, 1984, págs. 26-
-7; (19) Congregação para a Doutrina da Fé, *Carta
sobre a meditação cristã*, n. 31; para todo este tema,
cf. D. Estêvão Bettencourt, O.S.B., *Pergunte e respon-
deremos*, n. 335, abril de 1990, págs. 156-67; (20)
Santa Teresa de Lisieux, *História de uma alma*, V, fol.
46; (21) *Litt. apost. Tertio Millenio adveniente*,
10.11.1994, n. 6; (22) Congregação para a Doutrina
da Fé, *Carta sobre a meditação cristã*, n. 31; (23) Ronald Knox, *A torrente oculta*, Aster, Lisboa, 1958, pág.
184; (24) São João Crisóstomo, *In Matth hom.*, 25, 4;
(25) cf. *Forja*, n. 73; (26) cf. Andrés Vázquez de Pra-
da, *O Fundador do Opus Dei*, Quadrante, São Paulo,
1989, pág. 151; (27) *Forja*, n. 270; (28) cf. Julio Eugui,
Anécdotas y virtudes, Rialp, Madrid, 1987, n. 528;
(29) Santa Teresa, *As fundações*, 55, 10; (30) cf. *Caminho*, n. 304; (31) E. Boylan, *A dificuldade de orar*, Aster, Lisboa, pág. 69; (32) São Tomás de Aquino,
Suma Teológica, II-II, q. 35, a. 4, ad 3; (33) cf. Marce-
lle Auclair, *Teresa de Ávila*, Quadrante, São Paulo,
1996, pág. 77; (34) *Amigos de Deus*, n. 249; (35) Gandhi, *Palavras de paz*, Cidade Nova, São Paulo, pág.
15; (36) cf. *Caminho*, n. 91; (37) Josemaria Escrivá,
É Cristo que passa, Quadrante, São Paulo, 1976, n.
174; (38) Santa Teresa, *Vida*, 4, 9; (39) São Pedro de
Alcântara, *Tratado de la oración y de la meditación*, I,
7; (40) Santa Teresa de Lisieux, *História de uma
alma*, X; (41) cf. *Caminho*, n. 91; (42) *Forja*, n. 75;
(43) Santa Teresa, *Vida*, 29, 4; (44) São João da
Cruz, *Chama viva de amor*, I, 5; (45) cf. *Caminho*, n.
891; (46) cit. em J. Daujat, *Viver o cristianismo*, Aster,

Lisboa, pág. 89; (47) cit. em Henri Ghéon, *O Cura d'Ars*, Quadrante, São Paulo, 1986, pág. 98; (48) *Forja*, n. 511; (49) *Forja*, n. 1014; (50) Santa Teresa, *Vida*, 8, 3; (51) Cardeal Newman, *Diário espiritual*, cit. em Prólogo à *Apologia pro vita sua*, pág. 14; (52) Josemaria Escrivá, cit. em Francisco F. Carvajal, *Falar com Deus*, III, Quadrante, São Paulo, 1993, pág. 468; (53) *Forja*, n. 293; (54) João Paulo II, *Christifideles laici*, 59; (55) Josemaria Escrivá, *Sulco*, Quadrante, São Paulo, 1987, n. 445.

Direção geral
Renata Ferlin Sugai

Direção editorial
Hugo Langone

Produção editorial
Juliana Amato
Gabriela Haeitmann
Ronaldo Vasconcelos
Roberto Martins

Capa
Provazi Design

Diagramação
Sérgio Ramalho

ESTE LIVRO ACABOU DE SE IMPRIMIR
A 28 DE JANEIRO DE 2024,
EM PAPEL OFFSET 75 g/m².